PREFÁCIO

A coleção de frases de viagem "Vai tudo correr bem!" publicada pela T&P Books é concebida para pessoas que vão ao estrangeiro em viagens de turismo e negócios. Os livros de frases contêm o que é mais importante - o essencial para uma comunicação básica. Este é um conjunto indispensável de frases para "sobreviver" no estrangeiro.

Este Guia de Conversação irá ajudá-lo na maioria das situações em que precise de perguntar alguma coisa, obter direções, saber quanto custa algo, etc. Pode também resolver situações de difícil comunicação onde os gestos simplesmente não ajudam.

Este livro contém uma série de frases que foram agrupadas de acordo com os tópicos mais relevantes. Uma secção separada do livro também fornece um pequeno dicionário com mais de 1.500 palavras importantes e úteis.

Leve consigo para a estrada o Guia de Conversação "Vai tudo correr bem!" e terá um companheiro de viagem insubstituível, que irá ajudá-lo a encontrar o seu caminho em qualquer situação e ensiná-lo a não recear falar com estrangeiros.

TABELA DE CONTEÚDOS

T&P Books Publishing

Coleção Guias de Conversação
"Vai tudo correr bem!"

T&P Books Publishing

GUIA DE CONVERSAÇÃO
— SUECO —

AS PALAVRAS E AS FRASES MAIS ÚTEIS

Este guia de conversação
contém frases e perguntas
comuns essenciais para uma
comunicação básica
com estrangeiros

Andrey Taranov

T&P BOOKS

Frases + dicionário de 1500 palavras

Guia de Conversação Português-Sueco e dicionário conciso 1500 palavras

Por Andrey Taranov

A coleção de frases de viagem "Vai tudo correr bem!" publicada pela T&P Books é concebida para pessoas que vão ao estrangeiro em viagens de turismo e negócios. Os livros de frases contêm o que é mais importante - o essencial para uma comunicação básica. Este é um conjunto indispensável de frases para "sobreviver" no estrangeiro.

Outra secção do livro também fornece um pequeno dicionário com mais de 1.500 palavras úteis, organizadas por ordem alfabética. O dicionário inclui muitos termos gastronômicos e será útil quando pedir comida num restaurante ou comprar alimentos numa loja.

Editora T&P Books
www.tpbooks.com

ISBN: 978-1-78616-865-8

Este livro também está disponível em formato E-book.
Por favor visite www.tpbooks.com ou as principais livrarias on-line.

PRONÚNCIA

Letra	Exemplo Sueco	Alfabeto fonético T&P	Exemplo Português
Aa	bada	[ɑ], [ɑː]	amar
Bb	tabell	[b]	barril
Cc [1]	licens	[s]	sanita
Cc [2]	container	[k]	kiwi
Dd	andra	[d]	dentista
Ee	efter	[e]	metal
Ff	flera	[f]	safári
Gg [3]	gömma	[j]	géiser
Gg [4]	truga	[g]	gosto
Hh	handla	[h]	[h] aspirada
Ii	tillhöra	[iː], [ɪ]	cair
Jj	jaga	[j]	géiser
Kk [5]	keramisk	[ɕ]	shiatsu
Kk [6]	frisk	[k]	kiwi
Ll	tal	[l]	libra
Mm	medalj	[m]	magnólia
Nn	panik	[n]	natureza
Oo	tolv	[ɔ]	emboço
Pp	plommon	[p]	presente
Qq	squash	[k]	kiwi
Rr	spelregler	[r]	riscar
Ss	spara	[s]	sanita
Tt	tillhöra	[t]	tulipa
Uu	ungefär	[u], [uː]	coelho
Vv	overall	[v]	fava
Ww [7]	kiwi	[w]	página web
Xx	sax	[ks]	perplexo
Yy	manikyr	[y], [yː]	trabalho
Zz	zoolog	[s]	sanita
Åå	sångare	[ə]	milagre
Ää	tandläkare	[æ]	semana
Öö	kompositör	[ø]	orgulhoso

Letra	Exemplo Sueco	Alfabeto fonético T&P	Exemplo Português

Combinações de letras

Ss [8]	sjösjuka	[ʃ]	mês
sk [9]	skicka	[ʃ]	mês
s [10]	först	[ʃ]	mês
J j [11]	djärv	[j]	géiser
Lj [12]	ljus	[j]	géiser
kj, tj	kjol	[ɕ]	shiatsu
ng	omkring	[ŋ]	alcançar

Comentários

' **kj** pronuncia-se como
'' **ng** transfere um som nasal
[1] antes de **e, i, y**
[2] noutras situações
[3] antes de **e, i, ä, ö**
[4] noutras situações
[5] antes de **e, i, ä, ö**
[6] noutras situações
[7] em estrangeirismos
[8] em **sj, skj, stj**
[9] antes de **e, i, y, ä, ö** acentuados
[10] na combinação **rs**
[11] em **dj, hj, gj, kj**
[12] no início de palavras

LISTA DE ABREVIATURAS

Abreviaturas do Português

adj	-	adjetivo
adv	-	advérbio
anim.	-	animado
conj.	-	conjunção
desp.	-	desporto
etc.	-	etecetra
ex.	-	por exemplo
f	-	nome feminino
f pl	-	feminino plural
fem.	-	feminino
inanim.	-	inanimado
m	-	nome masculino
m pl	-	masculino plural
m, f	-	masculino, feminino
masc.	-	masculino
mat.	-	matemática
mil.	-	militar
pl	-	plural
prep.	-	preposição
pron.	-	pronome
sb.	-	sobre
sing.	-	singular
v aux	-	verbo auxiliar
vi	-	verbo intransitivo
vi, vt	-	verbo intransitivo, transitivo
vp	-	verbo pronominal
vt	-	verbo transitivo

Abreviaturas do Sueco

pl	-	plural

Artigos do Sueco

den	-	género comum
det	-	neutro
en	-	género comum
ett	-	neutro

T&P BOOKS

GUIA DE CONVERSAÇÃO SUÉCO

Esta secção contém frases importantes que podem vir a ser úteis em várias situações da vida real.
O Guia de Conversação irá ajudá-lo a pedir orientações, esclarecer um preço, comprar bilhetes e pedir comida num restaurante

T&P Books Publishing

CONTEÚDO DO GUIA DE CONVERSAÇÃO

T&P Books Publishing

O mínimo

Desculpe, ...	**Ursäkta mig, ...** [ʉːˈʂɛkta mɛj, ...]
Olá!	**Hej** [hɛj]
Obrigado /Obrigada/.	**Tack** [tak]
Adeus.	**Hej då** [hɛj doː]
Sim.	**Ja** [ja]
Não.	**Nej** [nɛj]
Não sei.	**Jag vet inte.** [ja vet ˈintə]
Onde? | Para onde? | Quando?	**Var? I Vart? I När?** [var? | vaːʈ? | nɛr?]

Preciso de ...	**Jag behöver ...** [ja beˈhøvər ...]
Eu queria ...	**Jag vill ...** [ja vilʲ ...]
Tem ...?	**Har du ...?** [har dʉː ...?]
Há aqui ...?	**Finns det ... här?** [fins dɛ ... hæːr?]
Posso ...?	**Får jag ... ?** [for jaː ...?]
..., por favor	**..., tack** [..., tak]

Estou à procura de ...	**Jag letar efter ...** [ja ˈlʲetar ˈɛftər ...]
casa de banho	**en toalett** [en tuaˈlʲet]
Multibanco	**en uttagsautomat** [en ʉːˈtaːgs autoˈmat]
farmácia	**ett apotek** [et apʉˈtek]
hospital	**ett sjukhus** [et ˈɧʉːkhʉs]
esquadra de polícia	**en polisstation** [en poˈlis staˈɧuːn]
metro	**tunnelbanan** [ˈtʉnəlʲ ˈbaːnan]

táxi	**en taxi** [en 'taksi]
estação de comboio	**en tågstation** [en 'to:g sta'ʃu:n]

Chamo-me ...	**Jag heter ...** [ja 'hetər ...]
Como se chama?	**Vad heter du?** [vad 'hetər dʉ:?]
Pode-me dar uma ajuda?	**Skulle du kunna hjälpa mig?** ['skʉlʲe dʉ: 'kuna 'jɛlʲpa mɛj?]
Tenho um problema.	**Jag har ett problem.** [ja har et prɔ'blʲem]
Não me sinto bem.	**Jag mår inte bra.** [ja mor 'intə bra:]
Chame a ambulância!	**Ring efter en ambulans!** ['riŋ 'ɛftər en ambʉ'lʲans!]
Posso fazer uma chamada?	**Får jag ringa ett samtal?** [for ja 'riŋa et 'sa:mtalʲ?]

Desculpe.	**Jag är ledsen.** [ja ær 'lʲesən]
De nada.	**Ingen orsak.** ['iŋen 'u:ʂak]

eu	**Jag, mig** [ja, mɛj]
tu	**du** [dʉ]
ele	**han** [han]
ela	**hon** [hon]
eles	**de:** [de:]
elas	**de:** [de:]
nós	**vi** [vi:]
vocês	**ni** [ni]
você	**du, Ni** [dʉ:, ni:]

ENTRADA	**INGÅNG** ['iŋo:ŋ]
SAÍDA	**UTGÅNG** ['ʉtgo:ŋ]
FORA DE SERVIÇO	**UR FUNKTION** [ʉ:r fʉnk'ʃu:n]
FECHADO	**STÄNGT** ['stɛŋt]

ABERTO	**ÖPPET** ['øpet]
PARA SENHORAS	**FÖR KVINNOR** [før 'kvinor]
PARA HOMENS	**FÖR MÄN** [før mɛn]

Perguntas

Onde?   **Var?**
[var?]

Para onde?   **Vart?**
[vaːʈ?]

De onde?   **Varifrån?**
['varifron?]

Porquê?   **Varför?**
['vaːføːr?]

Porque razão?   **Av vilken anledning?**
[aːv 'vilʲkən an'lʲednɪŋ?]

Quando?   **När?**
[nɛr?]

Quanto tempo?   **Hur länge?**
[hʉː 'lʲɛŋə?]

A que horas?   **Vilken tid?**
['vilʲkən tid?]

Quanto?   **Hur länge?**
[hʉː 'lʲɛŋə?]

Tem ...?   **Har du ...?**
[har dʉː ...?]

Onde fica ...?   **Var finns ...?**
[var fins ...?]

Que horas são?   **Vad är klockan?**
[vad ær 'klʲokan?]

Posso fazer uma chamada?   **Får jag ringa ett samtal?**
[for ja 'riŋa et 'saːmtalʲ?]

Quem é?   **Vem är det?**
[vem ær dɛ?]

Posso fumar aqui?   **Får jag röka här?**
[for ja 'røka hæːr?]

Posso ...?   **Får jag ...?**
[for jaː ...?]

Necessidades

Eu gostaria de ...

Jag skulle vilja ...
[ja 'skɵlʲe 'vilja ...]

Eu não quero ...

Jag vill inte ...
[ja vilʲ 'intə ...]

Tenho sede.

Jag är törstig.
[ja ær 'tø:ʂtig]

Eu quero dormir.

Jag vill sova.
[ja vilʲ 'so:va]

Eu queria ...

Jag vill ...
[ja vilʲ ...]

lavar-me

tvätta mig
['tvɛta mɛj]

escovar os dentes

borsta tänderna
['bo:ʂta 'tɛndeɳa]

descansar um pouco

vila en stund
['vilʲa en stund]

trocar de roupa

att byta kläder
[at 'byta 'klʲɛ:dər]

voltar ao hotel

gå tillbaka till hotellet
['go tilʲ'baka tilʲ ho'telʲet]

comprar ...

köpa ...
['çøpa ...]

ir para ...

ta mig till ...
[ta mɛj tilʲ ...]

visitar ...

besöka ...
[be'søka ...]

encontrar-me com ...

träffa ...
['trɛfa ...]

fazer uma chamada

ringa ett samtal
['riŋa et 'samtalʲ]

Estou cansado /cansada/.

Jag är trött.
[ja ær trøt]

Nós estamos cansados /cansadas/.

Vi är trötta.
[vi: ær 'trøta]

Tenho frio.

Jag fryser.
[ja 'frysər]

Tenho calor.

Jag är varm.
[ja ær varm]

Estou bem.

Jag är okej.
[ja ær ɔ'kej]

Preciso de telefonar.

Jag behöver ringa ett samtal.
[ja be'høvər 'riŋa et 'samtalʲ]

Preciso de ir à casa de banho.

Jag behöver gå på toaletten.
[ja be'høvər go pɔ tua'lʲetən]

Tenho de ir.

Jag måste ge mig av.
[ja 'mostə je mɛj av]

Tenho de ir agora.

Jag måste ge mig av nu.
[ja 'mostə je mɛj av nʉ:]

Perguntando por direções

Desculpe, ...	**Ursäkta mig, ...** [ʉːˈʂɛkta mɛj, ...]
Onde fica ...?	**Var finns ...?** [var fins ...?]
Para que lado fica ...?	**Åt vilket håll ligger ...?** [ot ˈvilʲket holʲ ˈligər ...?]
Pode-me dar uma ajuda?	**Skulle du kunna hjälpa mig?** [ˈskʉlʲe dʉː ˈkuna ˈjɛlʲpa mɛj?]
Estou à procura de ...	**Jag letar efter ...** [ja ˈlʲetar ˈɛftər ...]
Estou à procura da saída.	**Jag letar efter utgången.** [ja ˈlʲetar ˈɛftər ˈʉtgoːŋən]
Eu vou para ...	**Jag ska till ...** [ja ska tilʲ ...]
Estou a ir bem para ...?	**Är jag på rätt väg till ...?** [ɛr ja pɔ rɛt vɛg tilʲ ...?]
Fica longe?	**Är det långt?** [ɛr dɛ ˈlʲoːŋt?]
Posso ir até lá a pé?	**Kan jag ta mig dit till fots?** [kan ja ta mɛj dit tilʲ ˈfɔts?]
Pode-me mostrar no mapa?	**Kan du visa mig på kartan?** [kan dʉː ˈviːsa mɛj pɔ ˈkaːʈan?]
Mostre-me onde estamos de momento.	**Kan du visa mig var vi är nu.** [kan dʉː ˈviːsa mɛj var vi ær nʉː]
Aqui	**Här** [hæːr]
Ali	**Där** [dɛr]
Por aqui	**Den här vägen** [den hæːr ˈvɛgən]
Vire à direita.	**Sväng höger.** [ˈsvɛŋ ˈhøgər]
Vire à esquerda.	**Sväng vänster.** [ˈsvɛŋ ˈvɛnstər]
primeira (segunda, terceira) curva	**första (andra, tredje) sväng** [ˈføːʂta (ˈandra, ˈtreːdje) svɛŋ]
para a direita	**till höger** [tilʲ ˈhøgər]

para a esquerda

till vänster
[tilʲ 'vɛnstər]

Vá sempre em frente.

Gå rakt fram.
['go rakt fram]

Sinais

BEM-VINDOS!	**VÄLKOMMEN!** ['vɛlʲkomən!]
ENTRADA	**INGÅNG** ['iŋoːŋ]
SAÍDA	**UTGÅNG** ['ʉtgoːŋ]

EMPURRAR	**TRYCK** [trʏk]
PUXAR	**DRA** [draː]
ABERTO	**ÖPPET** ['øpet]
FECHADO	**STÄNGT** ['stɛŋt]

PARA SENHORAS	**FÖR KVINNOR** [før 'kvinor]
PARA HOMENS	**FÖR MÄN** [før mɛn]
HOMENS, CAVALHEIROS (m)	**HERRAR** ['hɛrrar]
SENHORAS (f)	**DAMER** ['damər]

DESCONTOS	**RABATT** [ra'bat]
SALDOS	**REA** ['rea]
GRATUITO	**GRATIS** ['gratis]
NOVIDADE!	**NYHET!** ['nyhet!]
ATENÇÃO!	**VARNING!** ['varniŋ!]

NÃO HÁ VAGAS	**FULLBOKAT** [fʉlʲ'bokat]
RESERVADO	**RESERVERAT** [resɛr'verat]
ADMINISTRAÇÃO	**DIREKTÖR** [direk'tør]
ACESSO RESERVADO	**ENDAST PERSONAL** ['ɛndast pɛːʂo'nalʲ]

CUIDADO COM O CÃO

VARNING FÖR HUNDEN!
['varniŋ før 'hʉndən!]

NÃO FUMAR!

RÖKNING FÖRBJUDET!
['røkniŋ før'bjʉ:det!]

NÃO MEXER!

RÖR EJ!
[rør ɛj!]

PERIGOSO

FARLIGT
['fa:ligt]

PERIGO

FARA
['fa:ra]

ALTA TENSÃO

HÖGSPÄNNING
['høgspɛniŋ]

PROIBIDO NADAR

BAD FÖRBJUDET!
[bad før'bjʉ:det!]

FORA DE SERVIÇO

UR FUNKTION
[ʉ:r fʉnk'ʃu:n]

INFLAMÁVEL

BRANDFARLIGT
['brand 'fa:ligt]

PROIBIDO

FÖRBJUDET
[før'bjʉ:det]

PASSAGEM PROIBIDA

TILLTRÄDE FÖRBJUDET!
[tilˡtrɛdə før'bjʉ:det!]

PINTADO DE FRESCO

NYMÅLAT
['nymolˡat]

FECHADO PARA OBRAS

STÄNGT FÖR RENOVERING
['stɛŋt før reno'veriŋ]

TRABALHOS NA VIA

VÄGARBETE
['vɛ:g arˡbetə]

DESVIO

OMLEDNINGSVÄG
[ɔ:m'ˡedniŋs vɛg]

Transportes. Frases gerais

avião	**plan** [plʲan]
comboio	**tåg** [toːg]
autocarro	**buss** [bus]
ferri	**färja** ['fæːrja]
táxi	**taxi** ['taksi]
carro	**bil** [bilʲ]

horário	**tidtabell** ['tid ta'bɛlʲ]
Onde posso ver o horário?	**Var kan jag se tidtabellen?** [var kan ja se tid:ta'bɛlʲen?]
dias de trabalho	**vardagar** [vaːr'daːgar]
fins de semana	**helger** ['heljer]
férias	**helgdagar** ['heljˈdaːgar]

PARTIDA	**AVGÅNGAR** ['avgoːŋar]
CHEGADA	**ANKOMSTER** ['ankomstər]
ATRASADO	**FÖRSENAD** [føː'ʂenad]
CANCELADO	**INSTÄLLD** ['instɛlʲd]

próximo (comboio, etc.)	**nästa** ['nɛsta]
primeiro	**första** ['føːʂta]
último	**sista** ['sista]

| Quando é o próximo ...? | **När går nästa ...?**
[nɛr goːr 'nɛsta ...?] |
| Quando é o primeiro ...? | **När går första ...?**
[nɛr goːr 'føːʂta ...?] |

Quando é o último ...?	**När går sista ...?** [nɛr goːr 'sista ...?]
transbordo	**byte** ['byte]
fazer o transbordo	**att göra ett byte** [at 'jøra et 'byte]
Preciso de fazer o transbordo?	**Behöver jag byta?** [be'høvər ja 'byta?]

Comprando bilhetes

Onde posso comprar bilhetes?	**Var kan jag köpa biljetter?** [var kan ja 'çøpa bi'ljetər?]
bilhete	**biljett** [bi'ljet]
comprar um bilhete	**att köpa en biljett** [at 'çøpa en bi'ljet]
preço do bilhete	**biljettpris** [bi'ljet pris]
Para onde?	**Vart?** [va:ʈ?]
Para que estação?	**Till vilken station?** [tilj 'viljkən sta'ʃu:n?]
Preciso de ...	**Jag behöver ...** [ja be'høvər ...]
um bilhete	**en biljett** [en bi'ljet]
dois bilhetes	**två biljetter** [tvo: bi'ljetər]
três bilhetes	**tre biljetter** [tre bi'ljetər]
só de ida	**enkel** ['ɛnkəlj]
de ida e volta	**tur och retur** ['tʉ:r ɔ re'tʉ:r]
primeira classe	**första klass** ['fø:ʂta kljas]
segunda classe	**andra klass** ['andra kljas]
hoje	**idag** [ida:g]
amanhã	**imorgon** [i'mɔrgɔn]
depois de amanhã	**i övermorgon** [i 'ø:və,mɔrgɔn]
de manhã	**på morgonen** [pɔ 'mɔrgɔnən]
à tarde	**på eftermiddagen** [pɔ 'ɛftə mid'dagən]
ao fim da tarde	**på kvällen** [pɔ 'kvɛljen]

lugar de corredor	**gångplats** [goːŋ plʲats]
lugar à janela	**fönsterplats** [ˈfønstə plʲats]
Quanto?	**Hur mycket?** [huː ˈmʏkeʔ]
Posso pagar com cartão de crédito?	**Kan jag betala med kreditkort?** [kan ja beˈtalʲa me kreˈdit koːʈ?]

Autocarro

autocarro
buss
[bus]

camioneta (autocarro interurbano)
långfärdsbuss
['lɔŋfɛrds‚bus]

paragem de autocarro
busshållplats
['bus 'holʲplʲats]

Onde é a paragem de autocarro mais perto?
Var finns närmsta busshållplats?
[var fins 'nɛrmsta 'bus 'holʲplʲats?]

número
nummer
['numər]

Qual o autocarro que apanho para ...?
Vilken buss kan jag ta till ...?
['vilʲkən bus kan ja ta tilʲ ...?]

Este autocarro vai até ...?
Går den här bussen till ...?
[gɔːr den hæːr 'busen tilʲ ...?]

Com que frequência passam os autocarros?
Hur ofta går bussarna?
[hʉː 'ofta gɔːr 'busarna?]

de 15 em 15 minutos
var femtonde minut
[var 'femtonde mi'nʉːt]

de meia em meia hora
varje halvtimme
['varje 'halʲv‚timə]

de hora a hora
en gång i timmen
[en gɔːŋ i 'timən]

várias vezes ao dia
flera gånger om dagen
['flʲera 'gɔːŋər om 'dagən]

... vezes ao dia
... gånger om dagen
[... 'gɔːŋər om 'dagən]

horário
tidtabell
['tid ta'bɛlʲ]

Onde posso ver o horário?
Var kan jag se tidtabellen?
[var kan ja se tid ta'bɛlʲen?]

Quando é o próximo autocarro?
När går nästa buss?
[nɛr gɔːr 'nɛsta bus?]

Quando é o primeiro autocarro?
När går första bussen?
[nɛr gɔːr 'føːʂta 'busən?]

Quando é o último autocarro?
När går sista bussen?
[nɛr gɔːr 'sista 'busən?]

paragem
hållplats
['holʲ‚plʲats]

próxima paragem
nästa hållplats
['nɛsta 'holʲplʲats]

última paragem

sista hållplatsen
['sista 'holʲplʲatsən]

Pare aqui, por favor.

Vill du vara snäll och stanna här, tack.
[vilʲ dɵ: 'va:ra snɛlʲ o 'stana hæ:r, tak]

Desculpe, esta é a minha paragem.

Ursäkta mig, detta är min hållplats.
[ɵ:'şɛkta mɛj, 'deta ær min 'holʲplʲats]

Comboio

comboio	**tåg** [to:g]
comboio sub-urbano	**lokaltåg** [lʲoˈkalʲ to:g]
comboio de longa distância	**fjärrtåg** [ˈfʲærˌto:g]

estação de comboio	**tågstation** [ˈto:g staˈɧu:n]
Desculpe, onde fica a saída para a plataforma?	**Ursäkta mig, var är utgången till perrongen?** [ʉ:ˈsɛkta mɛj, var ær ˈʉtgo:ŋən tilʲ peˈroŋən?]

Este comboio vai até ...?	**Går det här tåget till ...?** [go:r dɛ hæ:r ˈto:get tilʲ ...?]
próximo comboio	**nästa tåg** [ˈnɛsta to:g]
Quando é o próximo comboio?	**När går nästa tåg?** [nɛr go:r ˈnɛsta to:g?]

Onde posso ver o horário?	**Var kan jag se tidtabellen?** [var kan ja se tid tabɛlʲen?]
Apartir de que plataforma?	**Från vilken perrong?** [fron ˈvilʲkən peˈroŋ?]
Quando é que o comboio chega a ...?	**När ankommer tåget till ...?** [nɛr ˈankomer ˈto:get tilʲ ...?]

Ajude-me, por favor.	**Snälla hjälp mig.** [ˈsnɛlʲa jɛlʲp mɛj]
Estou à procura do meu lugar.	**Jag letar efter min plats.** [ja ˈlʲetar ˈɛftər min plʲats]
Nós estamos à procura dos nossos lugares.	**Vi letar efter våra platser.** [vi ˈlʲetar ˈɛftə ˈvo:ra ˈplʲatsər]

O meu lugar está ocupado.	**Min plats är upptagen.** [min plʲats ær upˈta:gen]
Os nossos lugares estão ocupados.	**Våra platser är upptagna.** [ˈvo:ra ˈplʲatsər ær upˈtagna]
Peço desculpa mas este é o meu lugar.	**Jag är ledsen, men det här är min plats.** [ja ær ˈlʲesən, men dɛ hæ:r ær min plʲats]

Este lugar está ocupado?

Är den här platsen upptagen?
[ɛr den hæ:r 'plʲatsən up'ta:gən?]

Posso sentar-me aqui?

Kan jag sitta här?
[kan ja 'sita hæ:r?]

No comboio. Diálogo (Sem bilhete)

Bilhete, por favor.

Biljetten, tack.
[bi'lʲetən, tak]

Não tenho bilhete.

Jag har ingen biljett.
[ja har 'iŋen bi'lʲet]

Perdi o meu bilhete.

Jag har förlorat min biljett.
[ja har fø:[ʲorat min bi'lʲet]

Esqueci-me do bilhete em casa.

Jag har glömt min biljett hemma.
[ja har 'glʲømt min bi'lʲet 'hɛma]

Pode comprar um bilhete a mim.

Du kan köpa biljett av mig.
[dɵ: kan 'çøpa bi'lʲet av mɛj]

Terá também de pagar uma multa.

Du kommer också behöva betala böter.
[dɵ: 'komər 'ukso be'høva be'talʲa 'bøtər]

Está bem.

Okej.
[ɔ'kej]

Onde vai?

Vart ska du?
[va:ʈ ska: dɵ:?]

Eu vou para ...

Jag ska till ...
[ja ska tilʲ ...]

Quanto é? Eu não entendo.

Hur mycket? Jag förstår inte.
[hɵ: 'mʏke? ja fø:'ʂto:r 'intə]

Escreva, por favor.

Vill du skriva det.
[vilʲ dɵ: 'skri:va dɛ]

Está bem. Posso pagar com cartão de crédito?

Bra. Kan jag betala med kreditkort?
[bra:. kan ja be'talʲa me kre'dit ko:ʈ?]

Sim, pode.

Ja, det kan du.
[ja, dɛ kan dɵ]

Aqui tem a sua fatura.

Här är ert kvitto.
[hæ:r ær e:ʈ 'kvito]

Desculpe pela multa.

Jag beklagar bötesavgiften.
[ja be'klʲagar bøtesav 'jiftən]

Não tem mal. A culpa foi minha.

Det är okej. Det var mitt fel.
[de: ær ɔ'kej. dɛ var mit felʲ]

Desfrute da sua viagem.

Ha en trevlig resa.
[ha en 'trɛvlig 'resa]

Taxi

táxi	**taxi** ['taksi]
taxista	**taxichaufför** ['taksi ṣo'føːr]
apanhar um táxi	**att ta en taxi** [at ta en 'taksi]
paragem de táxis	**taxistation** ['taksi sta'ŋuːn]
Onde posso apanhar um táxi?	**Var kan jag få tag på en taxi?** [var kan ja fo tag pɔ en 'taksi?]
chamar um táxi	**att ringa en taxi** [at 'riŋa en 'taksi]
Preciso de um táxi.	**Jag behöver en taxi.** [ja be'høvər en 'taksi]
Agora.	**Omedelbart.** [u'medelʲbaːt]
Qual é a sua morada?	**Vad har du för adress?** [vad har dʉ: før a'drɛs?]
A minha morada é …	**Min adress är …** [min a'drɛs ær …]
Qual o seu destino?	**Vart ska du åka?** [vaːt ska dʉ: oka?]
Desculpe, …	**Ursäkta mig, …** [ʉ:'ṣɛkta mɛj, …]
Está livre?	**Är du ledig?** [ɛr dʉ: 'lʲeːdig?]
Em quanto fica a corrida até …?	**Vad kostar det att åka till …?** [vad 'kostar dɛ at 'oːka tilʲ …?]
Sabe onde é?	**Vet du var det ligger?** [vet dʉ: var dɛ 'ligər?]
Para o aeroporto, por favor.	**Till flygplatsen, tack.** [tilʲ 'flʲyg plʲatsən, tak]
Pare aqui, por favor.	**Kan du stanna här, tack.** [kan dʉ: 'stana hæːr, tak]
Não é aqui.	**Det är inte här.** [de: ær 'intə hɛr]
Esta morada está errada. (Não é aqui)	**Det här är fel adress.** [de: hæːr ær felʲ ad'rɛs]
Vire à esquerda.	**Sväng vänster.** ['svɛŋ 'vɛnstər]
Vire à direita.	**Sväng höger.** ['svɛŋ 'høgər]

Quanto lhe devo?	**Hur mycket är jag skyldig?** [hʉ: 'mʏke ær ja 'fjʏlʲdig?]
Queria fatura, por favor.	**Jag skulle vilja ha ett kvitto, tack.** [ja 'skʉlʲe 'vilja ha et 'kvito, tak]
Fique com o troco.	**Behåll växeln.** [be'holʲ 'vɛkselʲn]

Espere por mim, por favor.	**Vill du vara vänlig och vänta på mig?** [vilʲ dʉ: 'va:ra 'vɛnlig o vɛnta po mɛj?]
5 minutos	**fem minuter** [fem mi'nʉ:tər]
10 minutos	**tio minuter** ['ti:o mi'nʉ:tər]
15 minutos	**femton minuter** ['femton mi'nʉ:tər]
20 minutos	**tjugo minuter** ['ɕʉ:go mi'nʉ:ter]
meia hora	**en halvtimme** [en 'halʲv'time]

Hotel

Olá!	**Hej** [hɛj]
Chamo-me ...	**Jag heter ...** [ja 'hetər ...]
Tenho uma reserva.	**Jag har bokat.** [ja har 'bokat]
Preciso de ...	**Jag behöver ...** [ja be'høvər ...]
um quarto de solteiro	**ett enkelrum** [et 'ɛnkəlʲ ruːm]
um quarto de casal	**ett dubbelrum** [et 'dubəlʲ ruːm]
Quanto é?	**Hur mycket kostar det?** [hʉː 'mʏke 'kostar dɛ?]
Está um pouco caro.	**Det är lite dyrt.** [deː ær 'lʲitə dyːʈ]
Não tem outras opções?	**Har du några andra alternativ?** [har dʉ: 'nogra 'andra alʲterna'tiv?]
Eu fico com ele.	**Jag tar det.** [ja tar dɛ]
Eu pago em dinheiro.	**Jag betalar kontant.** [ja be'talʲar kon'tant]
Tenho um problema.	**Jag har ett problem.** [ja har et prɔ'blʲem]
O meu ... está partido /A minha ... está partida/.	**... är trasig.** [... ær 'trasig]
O meu ... está avariado /A minha ... está avariada/.	**... fungerar inte.** [... fʉ'ŋerar 'intə]
televisor (m)	**min TV** [min 'teve]
ar condicionado (m)	**min luftkonditionering** [min 'lʲʉft kondiɧu'nɛriŋ]
torneira (f)	**min kran** [min kran]
duche (m)	**min dusch** [min dʉʂ]
lavatório (m)	**mitt handfat** [mit 'handfaːt]
cofre (m)	**mitt kassaskåp** [mit 'kasaˌskoːp]

fechadura (f)	**mitt dörrlås** [mit 'dørlˈos]
tomada elétrica (f)	**mitt eluttag** [mit ɛlˈʉːtag]
secador de cabelo (m)	**min hårtork** [min 'hoːʈork]

Não tenho ...	**Jag har ...** [ja har ...]
água	**inget vatten** ['iŋet 'vatən]
luz	**inget ljus** ['iŋet jʉːs]
eletricidade	**ingen elektricitet** [iŋen ɛlˈektrisi'tet]

Pode dar-me ...?	**Skulle du kunna ge mig ...?** ['skʉlˈe dʉ: 'kuna je mɛj ...?]
uma toalha	**en handduk** [en 'haŋdʉːk]
um cobertor	**en filt** [en filˈt]
uns chinelos	**tofflor** ['toflˈor]
um roupão	**en badrock** [en 'badrok]
algum champô	**schampo** ['ʂampo]
algum sabonete	**tvål** [tvoːlˈ]

Gostaria de trocar de quartos.	**Jag skulle vilja byta rum.** [ja 'skʉlˈe 'vilja 'byːta ruːm]
Não consigo encontrar a minha chave.	**Jag hittar inte min nyckel.** [ja 'hitar 'inte min 'nʏkəlˈ]
Abra-me o quarto, por favor.	**Skulle du kunna öppna mitt rum, tack?** ['skʉlˈe dʉ: 'kuna 'øpna mit rum, tak?]

Quem é?	**Vem är det?** [vem ær dɛ?]
Entre!	**Kom in!** [kom 'in!]
Um minuto!	**Ett ögonblick!** [et 'øːgɔnblik!]

Agora não, por favor.	**Inte just nu, tack.** ['inte jʉst nʉː, tak]
Venha ao meu quarto, por favor.	**Kom till mitt rum, tack.** [kom tilˈ mit ruːm, tak]

Gostaria de encomendar comida.	**Jag skulle vilja beställa mat via rumsservice.** [ja 'skɵlʲe 'vilja be'stɛlʲa mat via 'ruːmsøːvis]
O número do meu quarto é ...	**Mitt rumsnummer är ...** [mit 'ruːms'nɵmer ær ...]

Estou de saída ...	**Jag reser ...** [ja 'reːsər ...]
Estamos de saída ...	**Vi reser ...** [vi: 'reːsər ...]
agora	**just nu** ['jɵst nɵː]
esta tarde	**i eftermiddag** [i 'ɛftə mid'daːg]
hoje à noite	**ikväll** [iːkvɛlʲ]
amanhã	**imorgon** [i'mɔrgɔn]
amanhã de manhã	**imorgon på morgonen** [i'mɔrgɔn pɔ 'mɔrgɔnən]
amanhã ao fim da tarde	**imorgon på kvällen** [i'mɔrgɔn pɔ 'kvɛlʲen]
depois de amanhã	**i övermorgon** [i 'øːvə‚mɔrgɔn]

Gostaria de pagar.	**Jag skulle vilja betala.** [ja 'skɵlʲe 'vilja be'taːlʲa]
Estava tudo maravilhoso.	**Allt var fantastiskt.** [alʲt var fan'tastiskt]
Onde posso apanhar um táxi?	**Var kan jag få tag på en taxi?** [var kan ja fo tag pɔ en 'taksi?]
Pode me chamar um táxi, por favor?	**Skulle du vilja vara snäll och ringa en taxi åt mig?** ['skɵlʲe dɵ: vilja 'vaːra snɛlʲ o 'riŋa en 'taksi ot mɛj?]

Restaurante

Posso ver o menu, por favor?	**Kan jag få se menyn, tack?** [kan ja fo se me'nyn, tak?]
Mesa para um.	**Ett bord för en.** [et bo:d før en]
Somos dois (três, quatro).	**Vi är två (tre, fyra) personer.** [vi: ær tvo: (tre, 'fy:ra) pɛ:'ʂu:nər]

Para fumadores	**Rökare** ['røkarə]
Para não fumadores	**Icke rökare** ['ike røkarə]
Por favor!	**Ursäkta!** [ʉ:'ʂɛkta!]
menu	**meny** [me'ny:]
lista de vinhos	**vinlista** ['vi:nlista]
O menu, por favor.	**Menyn, tack.** [me'nyn, tak]

Já escolheu?	**Är ni redo att beställa?** [ɛr ni 'redo at be'stɛlˈa?]
O que vai tomar?	**Vad önskar du?** [vad 'ønskar dʉ:?]
Eu quero ...	**Jag tar ...** [ja tar ...]

Eu sou vegetariano /vegetariana/.	**Jag är vegetarian.** [ja ær vegetari'a:n]
carne	**kött** [ɕø:t]
peixe	**fisk** ['fisk]
vegetais	**grönsaker** ['grøn'sakər]
Tem pratos vegetarianos?	**Har ni vegetariska rätter?** [har ni vege'ta:riska 'rɛtər?]
Não como porco.	**Jag äter inte kött.** [ja 'ɛ:ter 'inte ɕøt]
Ele /ela/ não come porco.	**Han /hon/ äter inte kött.** [han /hon/ 'ɛ:tər 'inte ɕøt]
Sou alérgico /alérgica/ a ...	**Jag är allergisk mot ...** [ja ær a'lˈɛrgisk mut ...]

Por favor, pode trazer-me ...?	**Skulle du kunna ge mig ...** ['skɵlʲe dɵ: 'kuna je mɛj ...]
sal | pimenta | açucar	**salt I peppar I socker** [salʲt | 'pepar | 'sokər]
café | chá | sobremesa	**kaffe I te I dessert** ['kafə | te | de'sɛ:r]
água | com gás | sem gás	**vatten I kolsyrat I icke kolsyrat** ['vaten | 'kɔlʲ'sy:rat | 'ike 'kɔlʲ'sy:rat]
uma colher | um garfo | uma faca	**en sked I gaffel I kniv** [en ɧed | 'gafəlʲ | kni:v]
um prato | um guardanapo	**en tallrik I servett** [en 'talʲrik | ser'vet]

Bom apetite!	**Smaklig måltid!** ['smaklig 'molʲtid!]
Mais um, por favor.	**En /Ett/ ... till tack.** [en /et/ ... tilʲ tak]
Estava delicioso.	**Det var utsökt.** [dɛ var 'ɵtsøkt]

conta | troco | gorjeta	**nota I växel I dricks** ['no:ta | 'vɛksəlʲ | driks]
A conta, por favor.	**Notan, tack.** ['no:tan, tak]
Posso pagar com cartão de crédito?	**Kan jag betala med kreditkort?** [kan ja be'talʲa me kre'dit ko:ʈ?]
Desculpe, mas tem um erro aqui.	**Jag beklagar, det är ett misstag här.** [ja be'klʲagar, dɛ ær et 'mistag hæ:r]

Centro Comercial

Posso ajudá-lo /ajudá-la/?

Kan jag hjälpa dig?
[kan ja 'jɛlʲpa dɛj?]

Tem ...?

Har ni ...?
[har ni ...?]

Estou à procura de ...

Jag letar efter ...
[ja 'lʲetar 'ɛftər ...]

Preciso de ...

Jag behöver ...
[ja be'høvər ...]

Estou só a ver.

Jag tittar bara.
[ja 'titar 'baːra]

Estamos só a ver.

Vi tittar bara.
[vi 'titar 'baːra]

Volto mais tarde.

Jag kommer tillbaka senare.
[ja 'komər tilʲ'baka 'senərə]

Voltamos mais tarde.

Vi kommer tillbaka senare.
[vi 'komer tilʲ'baka 'senərə]

descontos | saldos

rabatt I rea
[ra'bat | 're:a]

Mostre-me, por favor ...

Skulle du kunna visa mig ...
['skɵlʲe dɵ: 'kuna 'viːsa mɛj ...]

Dê-me, por favor ...

Skulle du kunna ge mig ...
['skɵlʲe dɵ: 'kuna je mɛj ...]

Posso experimentar?

Kan jag prova?
[kan ja 'pru:va?]

Desculpe, onde fica a cabine de prova?

Ursäkta mig, var finns provrummen?
[ɵ:'ʂɛkta mɛj, var fins 'pruv‚rumən?]

Que cor prefere?

Vilken färg vill du ha?
['vilʲkən 'fæːrj vilʲ dɵ: ha?]

tamanho | cvomprimento

storlek I längd
['storlʲek | lʲɛŋd]

Como lhe fica?

Hur sitter den?
[hɵ: 'sitər den?]

Quanto é que isto custa?

Hur mycket kostar det?
[hɵ: 'mʏke 'kostar dɛ?]

É muito caro.

Det är för dyrt.
[de: ær før dy:t]

Eu fico com ele.

Jag tar den (det, dem).
[ja tar den (dɛ, dem)]

Desculpe, onde fica a caixa?

Ursäkta mig, var betalar man?
[ɵ:'ʂɛkta mɛj, var be'talʲar man?]

Vai pagar a dinheiro ou com cartão de crédito?

Betalar du kontant eller med kreditkort?
[be'talʲar dʉ: kon'tant elʲe me kre'dit ko:ʈ?]

A dinheiro | com cartão de crédito

Kontant I med kreditkort
[kon'tant | me kre'dit ko:ʈ]

Pretende fatura?

Vill du ha kvittot?
[vilʲ dʉ: ha: 'kvitot?]

Sim, por favor.

Ja, tack.
[ja, tak]

Não. Está bem!

Nej, det behövs inte.
[nɛj, dɛ bɛhøvs 'inte]

Obrigado /Obrigada/.
Tenha um bom dia!

Tack. Ha en bra dag!
[tak. ha en bra: dag!]

Na cidade

Desculpe, por favor ...	**Ursäkta mig.** [ʉ:'ṣɛkta mɛj]
Estou à procura ...	**Jag letar efter ...** [ja 'lˈetar 'ɛftər ...]
do metro	**tunnelbanan** ['tʉnəlˈ 'ba:nan]
do meu hotel	**mitt hotell** [mit ho'telˈ]
do cinema	**biografen** [bio'grafən]
da praça de táxis	**en taxistation** [en 'taksi sta'ɧu:n]
do multibanco	**en uttagsautomat** [en ʉ:'ta:gs auto'mat]
de uma casa de câmbio	**ett växlingskontor** [et 'vɛkslɪŋs kon'tu:r]
de um café internet	**ett internetkafé** [et 'internet ka'fe]
da rua ...	**... gatan** [... 'gatan]
deste lugar	**den här platsen** [den hæ:r 'plˈatsən]
Sabe dizer-me onde fica ...?	**Vet du var ... ligger?** [vet dʉ: var ... 'ligər?]
Como se chama esta rua?	**Vilken gata är det här?** ['vilˈkən gata ær dɛ hæ:r?]
Mostre-me onde estamos de momento.	**Kan du visa mig var vi är nu.** [kan dʉ: 'vi:sa mɛj var vi ær nʉ:]
Posso ir até lá a pé?	**Kan jag ta mig dit till fots?** [kan ja ta mɛj dit tilˈ 'fots?]
Tem algum mapa da cidade?	**Har ni en karta över stan?** [har ni en 'ka:ʈa ø:vər stan?]
Quanto custa a entrada?	**Hur mycket kostar inträdet?** [hʉ: 'mʏke 'kostar intrɛdet?]
Pode-se fotografar aqui?	**Får jag fotografera här?** [for ja fʉtʊgra'fera hæ:r?]
Estão abertos?	**Har ni öppet?** [har ni øpet?]

A que horas abrem?   **När öppnar ni?**
                       [nɛr øpnar ni?]

A que horas fecham?   **När stänger ni?**
                       [nɛr 'stɛŋər ni?]

Dinheiro

dinheiro	**pengar** ['peŋar]
a dinheiro	**kontanter** [kon'tantər]
dinheiro de papel	**sedlar** ['sedlʲar]
troco	**småpengar** ['smo:'peŋar]
conta | troco | gorjeta	**nota l växel l dricks** ['no:ta | 'vɛksəlʲ | driks]
cartão de crédito	**kreditkort** [kre'dit ko:t]
carteira	**plånbok** ['plʲo:nbʊk]
comprar	**att köpa** [at 'çøpa]
pagar	**att betala** [at be'talʲa]
multa	**böter** ['bøter]
gratuito	**gratis** ['gratis]
Onde é que posso comprar ...?	**Var kan jag köpa ...?** [var kan ja 'çøpa ...?]
O banco está aberto agora?	**Är banken öppen nu?** [ɛr 'bankøen 'øpen nʉ:?]
Quando abre?	**När öppnar den?** [nɛr øpnar dɛn?]
Quando fecha?	**När stänger den?** [nɛr 'stɛŋər den?]
Quanto?	**Hur mycket?** [hʉ: 'mʏke?]
Quanto custa isto?	**Hur mycket kostar den här?** [hʉ: 'mʏke 'kostar den hæ:r?]
É muito caro.	**Det är för dyrt.** [de: ær før dy:t]
Desculpe, onde fica a caixa?	**Ursäkta mig, var betalar man?** [ʉ:'sɛkta mɛj, var be'talʲar man?]
A conta, por favor.	**Notan, tack.** ['no:tan, tak]

Posso pagar com cartão de crédito?

Kan jag betala med kreditkort?
[kan ja be'talʲa me kre'dit koːʈ?]

Há algum Multibanco aqui?

Finns det en uttagsautomat här?
[fins dɛ en 'ʉtags auto'mat hæːr?]

Estou à procura de um Multibanco.

Jag letar efter en uttagsautomat.
[ja 'lʲetar 'ɛftər en ʉ:'tags auto'mat]

Estou à procura de uma
casa de câmbio.

Jag letar efter ett växlingskontor.
[ja 'lʲetar 'ɛftər et 'vɛksliŋs kon'tuːr]

Eu gostaria de trocar ...

Jag skulle vilja växla ...
[ja 'skʉlʲe 'vilja 'vɛkslʲa ...]

Qual a taxa de câmbio?

Vad är växlingskursen?
[vad ær 'vɛksliŋs 'kʉːʂən?]

Precisa do meu passaporte?

Behöver du mitt pass?
[be'høvər dʉː mit pas?]

Tempo

Que horas são?	**Vad är klockan?** [vad ær 'klʲokan?]
Quando?	**När?** [nɛr?]
A que horas?	**Vid vilken tid?** [vid 'vilʲkən tid?]
agora | mais tarde | depois ...	**nu I senare I efter ...** [nʉ: | 'senarə | 'ɛftər ...]
uma em ponto	**klockan ett** ['klʲokan et]
uma e quinze	**kvart över ett** [kva:ʈ 'ø:vər et]
uma e trinta	**halv två** [halʲv tvo:]
uma e quarenta e cinco	**kvart i två** [kva:ʈ i tvo:]
um | dois | três	**ett I två I tre** [et | tvo: | tre]
quatro | cinco | seis	**fyra I fem I sex** ['fy:ra | fem | sɛks]
set | oito | nove	**sju I åtta I nio** [ɧʉ: | 'ota | 'ni:o]
dez | onze | doze	**tio I elva I tolv** ['ti:o | 'elʲva | tolʲv]
dentro de ...	**om ...** [om ...]
5 minutos	**fem minuter** [fem mi'nʉ:tər]
10 minutos	**tio minuter** ['ti:o mi'nʉ:tər]
15 minutos	**femton minuter** ['femtɔn mi'nʉ:tər]
20 minutos	**tjugo minuter** ['ɕʉ:go mi'nʉ:ter]
meia hora	**en halvtimme** [en 'halʲv'timə]
uma hora	**en timme** [en 'timə]

de manhã	**på morgonen** [pɔ 'mɔrgɔnən]
de manhã cedo	**tidigt på morgonen** ['tidit pɔ 'mɔrgɔnən]
esta manhã	**den här morgonen** [den hæːr 'mɔrgɔnən]
amanhã de manhã	**imorgon på morgonen** [i'mɔrgɔn pɔ 'mɔrgɔnən]
ao meio-dia	**mitt på dagen** [mit pɔ 'dagən]
à tarde	**på eftermiddagen** [pɔ 'ɛftə mid'dagən]
à noite (das 18h às 24h)	**på kvällen** [pɔ 'kvɛlʲen]
esta noite	**ikväll** [iːkvɛlʲ]
à noite (da 0h às 6h)	**på natten** [pɔ 'natən]
ontem	**i går** [i goːr]
hoje	**idag** [idaːg]
amanhã	**imorgon** [i'mɔrgɔn]
depois de amanhã	**i övermorgon** [i 'øːvə ̩mɔrgɔn]
Que dia é hoje?	**Vad är det för dag idag?** [vad ær dɛ før daːg 'idaːg?]
Hoje é …	**Det är ...** [deː ær ...]
segunda-feira	**måndag** ['mɔndag]
terça-feira	**tisdag** ['tiːsdag]
quarta-feira	**onsdag** ['onsdag]
quinta-feira	**torsdag** ['toːʂdag]
sexta-feira	**fredag** ['freːdag]
sábado	**lördag** ['lʲøːdag]
domingo	**söndag** ['sœndag]

Saudações. Apresentações

Olá!	**Hej** [hɛj]
Prazer em conhecê-lo /conhecê-la/.	**Trevligt att träffas.** ['trɛvligt at trɛfas]
O prazer é todo meu.	**Detsamma.** [de'sama]
Apresento-lhe ...	**Jag skulle vilja träffa ...** [ja 'skɵlɭe 'vilja 'trɛfa ...]
Muito prazer.	**Trevligt att träffas.** ['trɛvligt at trɛfas]
Como está?	**Hur står det till?** [hɵ: sto: dɛ tilɭ?]
Chamo-me ...	**Jag heter ...** [ja 'hetər ...]
Ele chama-se ...	**Han heter ...** [han 'hetər ...]
Ela chama-se ...	**Hon heter ...** [hon 'hetər ...]
Como é que o senhor /a senhora/ se chama?	**Vad heter du?** [vad 'hetər dɵ:?]
Como é que ela se chama?	**Vad heter han?** [vad 'hetər han?]
Como é que ela se chama?	**Vad heter hon?** [vad 'hetər hon?]
Qual o seu apelido?	**Vad heter du i efternamn?** [vad 'hetər dɵ: i 'ɛftəˌnamn?]
Pode chamar-me ...	**Du kan kalla mig ...** [dɵ: kan 'kalɭa mɛj ...]
De onde é?	**Varifrån kommer du?** ['varifron 'koməer dɵ:?]
Sou de ...	**Jag kommer från ...** [ja 'komər fron ...]
O que faz na vida?	**Vad arbetar du med?** [vad ar'betar dɵ: me:?]
Quem é este?	**Vem är det här?** [vem ær dɛ hæ:r?]
Quem é ele?	**Vem är han?** [vem ær han?]
Quem é ela?	**Vem är hon?** [vem ær hon?]
Quem são eles?	**Vilka är de?** ['vilɭka ær dom?]

Este é …	**Det här är …** [de: hæːr ær …]
o meu amigo	**min vän** [min vɛn]
a minha amiga	**min väninna** [min vɛ'nina]
o meu marido	**min man** [min man]
a minha mulher	**min fru** [min frʉː]
o meu pai	**min far** [min faːr]
a minha mãe	**min mor** [min moːr]
o meu irmão	**min bror** [min 'bruːr]
a minha irmã	**min syster** [min 'sʏstər]
o meu filho	**min son** [min soːn]
a minha filha	**min dotter** [min 'dotər]
Este é o nosso filho.	**Det här är vår son.** [de: hæːr ær vor son]
Este é a nossa filha.	**Det här är vår dotter.** [de: hæːr ær vor 'dotər]
Estes são os meus filhos.	**Det här är mina barn.** [de: hæːr ær 'mina baːɳ]
Estes são os nossos filhos.	**Det här är våra barn.** [de: hæːr ær 'voːra baːɳ]

Despedidas

Adeus!	**På återseende! Hej då!** [pɔ oteːˈʂeəndə! hɛj doːl]
Tchau!	**Hej då!** [hɛj doːl]
Até amanhã.	**Vi ses imorgon.** [vi ses iˈmɔrgon]
Até breve.	**Vi ses snart.** [vi ses snaːt]
Até às sete.	**Vi ses klockan sju.** [vi ses ˈklˑokan ʃʉː]
Diverte-te!	**Ha det så roligt!** [ha dɛ so ˈroligt!]
Falamos mais tarde.	**Vi hörs senare.** [vi høːʂ ˈsenarə]
Bom fim de semana.	**Ha en trevlig helg.** [ha en ˈtrɛvlig helj]
Boa noite.	**Godnatt.** [godˈnat]
Está na hora.	**Det är dags för mig att ge mig av.** [deː ær daːgs før mɛj at je mɛj av]
Preciso de ir embora.	**Jag behöver ge mig av.** [ja beˈhøver je mɛj av]
Volto já.	**Jag kommer strax tillbaka.** [ja ˈkomər straks tilˈˈbaka]
Já é tarde.	**Det är sent.** [deː ær sɛnt]
Tenho de me levantar cedo.	**Jag måste gå upp tidigt.** [ja ˈmostə go up ˈtidit]
Vou-me embora amanhã.	**Jag ger mig av imorgon.** [ja jer mɛj av iˈmɔrgon]
Vamos embora amanhã.	**Vi ger oss av imorgon.** [vi jeːr os av iˈmɔrgon]
Boa viagem!	**Trevlig resa!** [ˈtrɛvlig ˈresa!]
Tive muito prazer em conhecer-vos.	**Det var trevligt att träffas.** [dɛ var ˈtrɛvligt at trɛfas]
Foi muito agradável falar consigo.	**Det var trevligt att prata med dig.** [deː var ˈtrɛvligt at ˈpraːta me dɛj]
Obrigado /Obrigada/ por tudo.	**Tack för allt.** [tak før alˈt]

Passei um tempo muito agradável.	**Jag hade väldigt trevligt.** [ja 'hadə 'vɛlˡdigt 'trɛvligt]
Passámos um tempo muito agradável.	**Vi hade väldigt trevligt.** [vi 'hade 'vɛlˡdigt 'trɛvligt]
Foi mesmo fantástico.	**Det var verkligen trevligt.** [dɛ var 'vɛrkligən 'trɛvligt]
Vou ter saudades suas.	**Jag kommer att sakna dig.** [ja 'komər at 'sakna dɛj]
Vamos ter saudades suas.	**Vi kommer att sakna dig.** [vi 'komer at 'sakna dɛj]

Boa sorte!	**Lycka till!** ['lˡɤka tilˡ!]
Dê cumprimentos a ...	**Hälsa till ...** ['hɛlˡsa tilˡ ...]

Língua estrangeira

Eu não entendo.	**Jag förstår inte.** [ja fø:'ʂto:r 'intə]
Escreva isso, por favor.	**Skulle du kunna skriva ner det.** ['skɵlʲe dɵ: 'kuna 'skri:va ner dɛ]
O senhor /a senhora/ fala ...?	**Talar du ...** ['talʲar dɵ: ...]
Eu falo um pouco de ...	**Jag talar lite ...** [ja 'talʲar 'lʲitə ...]
Inglês	**engelska** ['ɛŋelʲska]
Turco	**turkiska** ['tɵrkiska]
Árabe	**arabiska** [a'rabiska]
Francês	**franska** ['franska]
Alemão	**tyska** ['tʏska]
Italiano	**italienska** [ita'lje:nska]
Espanhol	**spanska** ['spanska]
Português	**portugisiska** [po:tɵ'gi:siska]
Chinês	**kinesiska** [ɕi'nesiska]
Japonês	**japanska** [ja'pa:nska]
Pode repetir isso, por favor.	**Kan du upprepa det, tack.** [kan dɵ: 'uprepa dɛ, tak]
Compreendo.	**Jag förstår.** [ja fø:'ʂto:r]
Eu não entendo.	**Jag förstår inte.** [ja fø:'ʂto:r 'intə]
Por favor fale mais devagar.	**Kan du prata långsammare, tack.** [kan dɵ: 'pra:ta lʲo:ŋ'samarə, tak]
Isso está certo?	**Är det rätt?** [ɛr dɛ rɛt?]
O que é isto? (O que significa?)	**Vad är det här?** [vad ær dɛ hɛr?]

Desculpas

Desculpe-me, por favor.

Ursäkta mig.
[ɵːˈʂɛkta mɛj]

Lamento.

Jag är ledsen.
[ja ær ˈlʲesən]

Tenho muita pena.

Jag är verkligen ledsen.
[ja ær ˈvɛrkligən ˈlʲesən]

Desculpe, a culpa é minha.

Jag är ledsen, det är mitt fel.
[ja ær ˈlʲesən, dɛ ær mit felʲ]

O erro foi meu.

Det är jag som har gjort ett misstag.
[deː ær ja som har joːʈ et ˈmistag]

Posso ...?

Får jag ... ?
[for jaː ...?]

O senhor /a senhora/ não
se importa se eu ...?

Har du något emot om jag ...?
[har dɵ ˈnoːgot ɛˈmoːt om ja ...?]

Não faz mal.

Det är okej.
[deː ær ɔˈkej]

Está tudo em ordem.

Det är okej.
[deː ær ɔˈkej]

Não se preocupe.

Tänk inte på det.
[tɛnk ˈintə pɔ dɛ]

Acordo

Sim.	**Ja** [ja]
Sim, claro.	**Ja, säkert.** [ja, 'sɛːket]
Está bem!	**Bra!** [braː!]
Muito bem.	**Mycket bra.** ['mʏke braː]
Claro!	**Ja visst!** [ja vist!]
Concordo.	**Jag håller med.** [ja 'holʲer meː]

Certo.	**Det stämmer.** [deː 'stɛmər]
Correto.	**Det är rätt.** [deː ær rɛt]
Tem razão.	**Du har rätt.** [dʉ: har rɛt]
Eu não me oponho.	**Jag har inget emot det.** [ja har 'iŋet ɛ'moːt dɛ]
Absolutamente certo.	**Det stämmer helt.** [deː 'stɛmər helʲt]

É possível.	**Det är möjligt.** [deː ær 'møjligt]
É uma boa ideia.	**Det är en bra idé.** [deː ær en braː i'deː]
Não posso recusar.	**Jag kan inte säga nej.** [ja kan 'intə 'sɛja nɛj]
Terei muito gosto.	**Det gör jag gärna.** [deː jør ja 'jæːɳa]
Com prazer.	**Med nöje.** [me 'nøje]

Recusa. Expressão de dúvida

Não.	**Nej**
	[nɛj]
Claro que não.	**Verkligen inte.**
	['vɛrkligən 'intə]
Não concordo.	**Jag håller inte med.**
	[ja 'holʲer 'intə me:]
Não creio.	**Jag tror inte det.**
	[ja tror 'intə dɛ]
Isso não é verdade.	**Det är inte sant.**
	[de: ær 'intə sant]

O senhor /a senhora/ não tem razão.	**Du har fel.**
	[dʉ: har felʲ]
Acho que o senhor /a senhora/ não tem razão.	**Jag tycker att du har fel.**
	[ja 'tʏkər at dʉ: har felʲ]
Não tenho a certeza.	**Jag är inte säker.**
	[ja ær 'inte 'sɛ:kər]

É impossível.	**Det är omöjligt.**
	[de: ær u:'mœjligt]
De modo algum!	**Absolut inte!**
	[abso'lʲʉt 'intə!]

Exatamente o contrário.	**Raka motsatsen.**
	['ra:ka 'mo:tsatsən]
Sou contra.	**Jag är emot det.**
	[ja ær ɛ'mo:t dɛ]

Não me importo.	**Jag bryr mig inte om det.**
	[ja bry:r mɛj 'intə om dɛ]
Não faço ideia.	**Jag har ingen aning.**
	[ja har 'iŋen 'aniŋ]
Não creio.	**Jag betvivlar det.**
	[ja bet'vivlʲar dɛ]

Desculpe, mas não posso.	**Jag är ledsen, det kan jag inte.**
	[ja ær 'lʲesən, dɛ kan ja 'intə]
Desculpe, mas não quero.	**Jag är ledsen, det vill jag inte.**
	[ja ær 'lʲesən, dɛ vilʲ ja 'intə]
Desculpe, não quero isso.	**Nej, tack.**
	[nɛj, tak]
Já é muito tarde.	**Det börjar bli sent.**
	[de: 'børjar bli sɛnt]

Tenho de me levantar cedo.

Jag måste gå upp tidigt.
[ja 'moste go up 'tidit]

Não me sinto bem.

Jag mår inte bra.
[ja mor 'inte bra:]

Expressão de gratidão

Obrigado /Obrigada/.	**Tack** [tak]
Muito obrigado /obrigada/.	**Tack så mycket.** [tak so 'mʏkе]
Fico muito grato /grata/.	**Jag uppskattar det verkligen.** [ja 'upskatar dɛ 'vɛrkligən]
Estou-lhe muito reconhecido.	**Jag är verkligen tacksam mot dig.** [ja ær 'vɛrkligən 'taksam mot dɛj]
Estamos-lhe muito reconhecidos.	**Vi är verkligen tacksamma mot dig.** [vi: ær 'vɛrkligən 'taksama mo:t dɛj]

Obrigado /Obrigada/ pelo seu tempo.	**Tack för dig stund.** [tak før dɛj stund]
Obrigado /Obrigada/ por tudo.	**Tack för allt.** [tak før alˡt]
Obrigado /Obrigada/ ...	**Tack för ...** [tak før ...]
... pela sua ajuda	**din hjälp** [din jɛlˡp]
... por este tempo bem passado	**en trevlig tid** [en 'trɛvlig tid]

... pela comida deliciosa	**en fantastisk måltid** [en fan'tastisk 'molˡtid]
... por esta noite agradável	**en trevlig kväll** [en 'trɛvlig kvɛlˡ]
... pelo dia maravilhoso	**en underbar dag** [en 'undəbar da:g]
... pela jornada fantástica	**en fantastisk resa** [en fan'tastisk 'resa]

Não tem de quê.	**Ingen orsak.** ['iŋen 'u:ʂak]
Não precisa agradecer.	**Väl bekomme.** [vɛlˡ be'komə]
Disponha sempre.	**Ingen orsak.** ['iŋen 'u:ʂak]
Foi um prazer ajudar.	**Nöjet är helt på min sida.** ['nøjet ær helˡt pɔ min 'si:da]
Esqueça isso.	**Ingen orsak.** ['iŋen 'u:ʂak]
Não se preocupe.	**Tänk inte på det.** [tɛnk 'intə pɔ dɛ]

Parabéns. Cumprimentos

Parabéns!	**Gratulationer!** [gratʉlʲaˈɧuːnər!]
Feliz aniversário!	**Grattis på födelsedagen!** [ˈgratis pɔ ˈfødelʲsə ˈdagen!]
Feliz Natal!	**God Jul!** [god jʉːlʲ!]
Feliz Ano Novo!	**Gott Nytt År!** [got nʏt oːr!]

Feliz Páscoa!	**Glad Påsk!** [glʲad ˈposk!]
Feliz Hanukkah!	**Glad Chanukka!** [glʲad ˈhanʉka!]

Gostaria de fazer um brinde.	**Jag skulle vilja utbringa en skål.** [ja ˈskʉlʲe ˈvilja ʉːtˈbriŋa en skolʲ]
Saúde!	**Skål!** [skolʲ!]
Bebamos a …!	**Låt oss dricka för …!** [lʲot os ˈdrika før …!]
Ao nosso sucesso!	**För vår framgång!** [før vor ˈframgoːŋ!]
Ao vosso sucesso!	**För dig framgång!** [før dɛj ˈframgoːŋ!]

Boa sorte!	**Lycka till!** [ˈlʲʏka tilʲ!]
Tenha um bom dia!	**Ha en bra dag!** [ha en braː dag!]
Tenha um bom feriado!	**Ha en bra helg!** [ha en braː helj!]
Tenha uma viagem segura!	**Säker resa!** [ˈsɛːkər ˈresa!]
Espero que melhore em breve!	**Krya på dig!** [ˈkrya pɔ dɛj!]

Socializando

Porque é que está chateado /chateada/?	**Varför är du ledsen?** ['va:fø:r ær dɐ: 'lʲesən?]
Sorria!	**Får jag se ett leende? Upp med hakan!** [for ja se et 'lʲeəndə? up me 'ha:kan!]
Está livre esta noite?	**Är du ledig ikväll?** [ɛr dɐ: 'lʲe:dig i:kvɛlʲ?]
Posso oferecer-lhe algo para beber?	**Får jag bjuda på en drink?** [for ja 'bjɐ:da pɔ en drink?]
Você quer dançar?	**Vill du dansa?** [vilʲ dɐ: 'dansa?]
Vamos ao cinema.	**Låt oss gå på bio.** [lʲot os gɔ pɔ 'bi:o]
Gostaria de a convidar para ir ...	**Får jag bjuda dig på ...?** [for ja 'bjɐ:da dɛj pɔ ...?]
ao restaurante	**restaurang** [rɛsto'raŋ]
ao cinema	**bio** ['bio]
ao teatro	**teater** [te'a:ter]
passear	**gå på en promenad** ['go pɔ en prome'nad]
A que horas?	**Vilken tid?** ['vilʲkən tid?]
hoje à noite	**ikväll** [i:kvɛlʲ]
às 6 horas	**vid sex** [vid 'sɛks]
às 7 horas	**vid sju** [vid ʃɐ:]
às 8 horas	**vid åtta** [vid 'ota]
às 9 horas	**vid nio** [vid 'ni:o]
Gosta deste local?	**Gillar du det här stället?** ['jilʲar dɐ: dɛ hæ:r 'stɛlʲet?]
Está com alguém?	**Är du här med någon?** [ɛr dɐ: hæ:r me 'no:gɔn?]
Estou com o meu amigo.	**Jag är här med min vän /väninna/.** [ja ær hæ:r me min vɛn /vɛ'nina/]

Estou com os meus amigos.	**Jag är här med mina vänner.** [ja ær hæːr me 'mina 'vɛnər]
Não, estou sozinho /sozinha/.	**Nej, jag är ensam.** [nɛj, ja ær 'ɛnsam]

Tens namorado?	**Har du pojkvän?** [har dʉ: 'pojkvɛn?]
Tenho namorado.	**Jag har pojkvän.** [ja har 'pojkvɛn]
Tens namorada?	**Har du flickvän?** [har dʉ: 'flikvɛn?]
Tenho namorada.	**Jag har flickvän.** [ja har 'flʲikvɛn]

Posso voltar a vêr-te?	**Får jag träffa dig igen?** [for ja 'trɛfa dɛj i'jen?]
Posso ligar-te?	**Kan jag ringa dig?** [kan ja 'riŋa dɛj?]
Liga-me.	**Ring mig.** ['riŋ mɛj]
Qual é o teu número?	**Vad har du för nummer?** [vad har dʉ: før 'nʉmər?]
Tenho saudades tuas.	**Jag saknar dig.** [ja 'saknar dɛj]

Tem um nome muito bonito.	**Du har ett vackert namn.** [dʉ: har et 'vakeːt namn]
Amo-te.	**Jag älskar dig.** [ja 'ɛlʲskər dɛj]
Quer casar comigo?	**Vill du gifta dig med mig?** [vilʲ dʉ: 'jifta dɛj me mɛj?]
Você está a brincar!	**Du skämtar!** [dʉ: 'ɧɛmtar!]
Estou só a brincar.	**Jag skämtar bara.** [ja 'ɧɛmtar 'baːra]

Está a falar a sério?	**Menar du allvar?** ['meːnar dʉ: 'alʲvaːr?]
Estou a falar a sério.	**Jag menar allvar.** [ja 'meːnar 'alʲvaːr]
De verdade?!	**Verkligen?!** ['vɛrkligən?!]
Incrível!	**Det är otroligt!** [de: ær uː'troːligt!]
Não acredito.	**Jag tror dig inte.** [ja tror dɛj 'intə]
Não posso.	**Jag kan inte.** [ja kan 'intə]
Não sei.	**Jag vet inte.** [ja vet 'intə]
Não entendo o que está a dizer.	**Jag förstår dig inte.** [ja fø:'ʂtoːr dɛj 'intə]

Saia, por favor.

Var snäll och gå.
[var snɛlʲ o go:]

Deixe-me em paz!

Lämna mig ifred!
['lʲɛ:mna mɛj ifre:d!]

Eu não o suporto.

Jag står inte ut med honom.
[ja sto:r 'intə ʉt me 'honom]

Você é detestável!

Du är vedervärdig!
[dʉ: ær 'vedervæ:ɖig!]

Vou chamar a polícia!

Jag ska ringa polisen!
[ja ska 'riŋa po'lʲi:sən!]

Partilha de impressões. Emoções

Gosto disto.

Jag tycker om det.
[ja 'tʏkər om dɛ]

É muito simpático.

Jättefint.
['jɛtefint]

Fixe!

Det är fantastiskt!
[de: ær fan'tastiskt!]

Não é mau.

Det är inte illa.
[de: ær 'intə 'ilʲa]

Não gosto disto.

Jag gillar det inte.
[ja 'jilʲar dɛ 'intəe]

Isso não está certo.

Det är inte bra.
[de: ær 'intə bra:]

Isso é mau.

Det är illa.
[de: ær 'ilʲa]

Isso é muito mau.

Det är väldigt dåligt.
[de: ær 'vɛlʲdigt 'do:ligt]

Isso é asqueroso.

Det är förskräckligt.
[de: ær fø:'ʂkrɛkligt]

Estou feliz.

Jag är glad.
[ja ær glʲad]

Estou contente.

Jag är nöjd.
[ja ær 'nøjd]

Estou apaixonado /apaixonada/.

Jag är kär.
[ja ær 'kæ:r]

Estou calmo /calma/.

Jag är lugn.
[ja ær 'lʲuŋn]

Estou aborrecido /aborrecida/.

Jag är uttråkad.
[ja ær ʉt'trokad]

Estou cansado /cansada/.

Jag är trött.
[ja ær trøt]

Estou triste.

Jag är ledsen.
[ja ær 'lʲesən]

Estou apavorado /apavorada/.

Jag är rädd.
[ja ær rɛd]

Estou zangado /zangada/.

Jag är arg.
[ja ær arj]

Estou preocupado /preocupada/.

Jag är orolig.
[ja ær u'rulig]

Estou nervoso /nervosa/.

Jag är nervös.
[ja ær ner'vø:s]

Estou ciumento /ciumenta/.	**Jag är svartsjuk.**
	[ja ær 'svaːtʃʉːk]
Estou surpreendido /surpreendida/.	**Jag är överraskad.**
	[ja ær øːvɛ'raskad]
Estou perplexo /perplexa/.	**Jag är förvirrad.**
	[ja ær før'virad]

Problemas. Acidentes

Tenho um problema.	**Jag har ett problem.** [ja har et prɔ'blʲem]
Temos um problema.	**Vi har ett problem.** [vi har et prɔ'blʲem]
Estou perdido.	**Jag är vilse.** [ja ær 'vilʲsə]
Perdi o último autocarro.	**Jag missade sista bussen (tåget).** [ja 'misadə 'sista 'busən ('toːget)]
Não me resta nenhum dinheiro.	**Jag har inga pengar kvar.** [ja har 'iŋa 'peŋar kvaːr]

Eu perdi …	**Jag har förlorat …** [ja har føː[ʲorat …]
Roubaram-me …	**Någon har stulit …** ['noːgon har 'stuːlit …]

o meu passaporte	**mitt pass** [mit pas]
a minha carteira	**min plånbok** [min 'plʲoːnbʊk]
os meus papéis	**mina handlingar** ['mina 'handliŋar]
o meu bilhete	**min biljett** [min bi'lʲet]

o dinheiro	**mina pengar** ['mina 'peŋar]
a minha mala	**min handväska** [min 'hand͵vɛska]
a minha camara	**min kamera** [min 'kaːmera]
o meu computador	**min laptop** [min 'lʲaptop]
o meu tablet	**min surfplatta** [min 'sʉrfplʲata]
o meu telemóvel	**min mobiltelefon** [min mo'bilʲ telʲe'fɔn]

Ajude-me!	**Hjälp mig!** ['jɛlʲp mɛjʲ]
O que é que aconteceu?	**Vad har hänt?** [vad har hɛnt?]
fogo	**brand** [brand]

tiroteio	**skottlossning** [skotˈlʲosniŋ]
assassínio	**mord** [ˈmoːɖ]
explosão	**explosion** [ɛksplʲoˈɧuːn]
briga	**slagsmål** [ˈslʲaks moːlʲ]

Chame a polícia!	**Ring polisen!** [ˈriŋ poˈliːsən!]
Mais depressa, por favor!	**Snälla skynda på!** [ˈsnɛlʲa ˈɧynda poːl!]
Estou à procura de uma esquadra de polícia.	**Jag letar efter polisstationen.** [ja ˈlʲetar ˈɛftər poˈlʲis staˈɧuːnən]
Preciso de telefonar.	**Jag behöver ringa ett samtal.** [ja beˈhøvər ˈriŋa et ˈsamtalʲ]
Posso telefonar?	**Får jag använda din telefon?** [for ja ˈanvɛnda din telʲeˈfɔn?]

Fui …	**Jag har blivit …** [ja har ˈblivit …]
assaltado /assaltada/	**rånad** [ˈronad]
roubado /roubada/	**bestulen** [beˈstɯːlʲen]
violada	**våldtagen** [ˈvolʲdˌtagən]
atacado /atacada/	**angripen** [ˈaŋripən]

Está tudo bem consigo?	**Är det okej med dig?** [ɛr dɛ ɔˈkej me dɛj?]
Viu quem foi?	**Såg du vem det var?** [sog dɵː vɛm dɛ vaːr?]
Seria capaz de reconhecer a pessoa?	**Skulle du kunna känna igen personen?** [ˈskɵlʲe dɵː ˈkuna kɛna ijen pɛːˈʂuːnən?]
Tem a certeza?	**Är du säker?** [ɛr dɵː ˈsɛːker?]

Acalme-se, por favor.	**Snälla lugna ner dig.** [ˈsnɛlʲa ˈlʲɵnʲa ne dɛj]
Calma!	**Ta det lugnt!** [ta dɛ lʲɵn̥t!]
Não se preocupe.	**Oroa dig inte!** [ˈoːroa dɛj ˈintə!]
Vai ficar tudo bem.	**Allt kommer att bli bra.** [alʲt ˈkomər at bli braː]
Está tudo em ordem.	**Allt är okej.** [alʲt ær ɔˈkej]

Chegue aqui, por favor.

Vill du vara snäll och följa med?
[vilʲ dʉ: 'vaːra snɛlʲ o 'følʲa meː?]

Tenho algumas questões a colocar-lhe.

Jag har några frågor till dig.
[ja har 'nogra 'frogor tilʲ dɛj]

Aguarde um momento, por favor.

**Var snäll och vänta
ett ögonblick, tack.**
[var snɛlʲ o 'vɛnta
et 'øːgɔnblik, tak]

Tem alguma identificação?

Har du någon legitimation?
[har dʉ: 'noːgɔn lʲegitima'ɧuːn?]

Obrigado. Pode ir.

Tack. Du kan gå nu.
[tak. dʉ: kan go nʉ:]

Mãos atrás da cabeça!

Händerna bakom huvudet!
['hɛnderna 'bakom 'hʉvʉdet!]

Você está preso!

Du är anhållen!
[dʉ: ær an'holʲen!]

Problemas de saúde

Ajude-me, por favor.	**Snälla hjälp mig.** ['snɛlʲa jɛlʲp mɛj]
Não me sinto bem.	**Jag mår inte bra.** [ja mor 'intə bra:]
O meu marido não se sente bem.	**Min man mår inte bra.** [min man mor 'intə bra:]
O meu filho ...	**Min son ...** [min so:n ...]
O meu pai ...	**min far ...** [min fa:r ...]

A minha mulher não se sente bem.	**Min fru mår inte bra.** [min frʉ: mor 'intə bra:]
A minha filha ...	**Min dotter ...** [min 'dotər ...]
A minha mãe ...	**Min mor ...** [min mo:r ...]

Tenho uma ...	**Jag har ...** [ja har ...]
dor de cabeça	**huvudvärk** ['hʉ:vʉd'væ:rk]
dor de garganta	**halsont** ['halʲsʊnt]
dor de barriga	**värk i magen** [vɛrk i 'ma:gən]
dor de dentes	**tandvärk** ['tandˌvɛrk]

Estou com tonturas.	**Jag känner mig yr.** [ja 'ɕɛnər mɛj y:r]
Ele está com febre.	**Han har feber.** [han har 'febər]
Ela está com febre.	**Hon har feber.** [hon har 'febər]
Não consigo respirar.	**Jag kan inte andas.** [ja kan 'intə 'andas]

Estou a sufocar.	**Jag har andnöd.** [ja har 'andnød]
Sou asmático /asmática/.	**Jag är astmatiker.** [ja ær ast'matiker]
Sou diabético /diabética/.	**Jag är diabetiker.** [ja ær dia'betikər]

Estou com insónia.

Jag kan inte sova.
[ja kan 'intə 'so:va]

intoxicação alimentar

matförgiftning
['ma:tfø:'jiftniŋ]

Dói aqui.

Det gör ont här.
[de: jør ont hæ:r]

Ajude-me!

Hjälp mig!
['jɛlʲp mɛj!]

Estou aqui!

Jag är här!
[ja ær 'hæ:r!]

Estamos aqui!

Vi är här!
[vi: ær hæ:r!]

Tirem-me daqui!

Ta mig härifrån!
[ta mɛj 'hɛrifron!]

Preciso de um médico.

Jag behöver en läkare.
[ja be'høvər en 'lʲɛ:karə]

Não me consigo mexer.

Jag kan inte röra mig.
[ja kan 'intə 'rø:ra mɛj]

Não consigo mover as pernas.

Jag kan inte röra mina ben.
[ja kan 'intə 'rø:ra 'mina bɛn]

Estou ferido.

Jag har ett sår.
[ja har et so:r]

É grave?

Är det allvarligt?
[ɛr dɛ 'alʲva:rligt?]

Tenho os documentos no bolso.

Mina dokument är i min ficka.
['mina dokɯ'ment ær i min 'fika]

Acalme-se!

Lugna ner dig!
['lʲɯnʲa ne: dɛj!]

Posso telefonar?

Får jag använda din telefon?
[for ja 'anvɛnda din telʲe'fon?]

Chame uma ambulância!

Ring efter en ambulans!
['riŋ 'ɛftər en ambɯ'lʲans!]

É urgente!

Det är brådskande!
[de: ær 'brodskandə!]

É uma emergência!

Det är ett nödfall!
[de: ær et 'nødfalʲ!]

Mais depressa, por favor!

Snälla, skynda dig!
['snɛlʲa, 'ɧynda dɛj!]

Chame o médico, por favor.

Vill du vara snäll och ringa en läkare?
[vilʲ dɯ: 'va:ra snɛlʲ o 'riŋa en 'lʲɛ:karə?]

Onde fica o hospital?

Var är sjukhuset?
[var ær 'ɧɯ:khɯ:set?]

Como se sente?

Hur mår du?
[hɯ: mor dɯ:?]

Está tudo bem consigo?

Är du okej?
[ɛr dɯ: ɔ'kej?]

O que é que aconteceu?

Vad har hänt?
[vad har hɛnt?]

Já me sinto melhor.

Jag mår bättre nu.
[ja mor 'bɛtrə nʉ:]

Está tudo em ordem.

Det är okej.
[de: ær ɔ'kej]

Tubo bem.

Det är okej.
[de: ær ɔ'kej]

Na farmácia

farmácia	**apotek** [apʊ'tek]
farmácia de serviço	**dygnet runt-öppet apotek** ['dynʲet rʉnt-'øpet apʊ'tek]
Onde fica a farmácia mais próxima?	**Var finns närmsta apotek?** [var fins 'nɛrmsta apʊ'tek?]
Está aberto agora?	**Är det öppet nu?** [ɛr dɛ 'øpet nʉ:?]
A que horas abre?	**Vilken tid öppnar det?** ['vilʲkən tid 'øpnar dɛ?]
A que horas fecha?	**Vilken tid stänger det?** ['vilʲkən tid 'stɛŋər dɛ?]
Fica longe?	**Är det långt?** [ɛr dɛ 'lʲoːŋt?]
Posso ir até lá a pé?	**Kan jag ta mig dit till fots?** [kan ja ta mɛj dit tilʲ 'fots?]
Pode-me mostrar no mapa?	**Kan du visa mig på kartan?** [kan dʉ: 'viːsa mɛj pɔ 'kaːʈan?]
Por favor dê-me algo para ...	**Snälla ge mig någonting mot ...** ['snɛlʲa je mɛj 'noːɡɔntiŋ mot ...]
as dores de cabeça	**huvudvärk** ['hʉːvʉd'væːrk]
a tosse	**hosta** ['hosta]
o resfriado	**förkylning** [før'ɕylʲniŋ]
a gripe	**influensan** [inflʲʉ'ensan]
a febre	**feber** ['feber]
uma dor de estômago	**magont** ['maːɡont]
as náuseas	**illamående** [ilʲa'moendə]
a diarreia	**diarré** [dia're:]
a constipação	**förstoppning** [fø:'ʂtopniŋ]
as dores nas costas	**ryggont** ['rʏɡont]

as dores no peito	**bröstsmärtor** ['brøst'smɛːtor]
a sutura	**mjälthugg** ['mjelʲthug]
as dores abdominais	**magsmärtor** ['magsmɛːtor]

comprimido	**piller, tablett** ['pilʲer, tab'lʲet]
unguento, creme	**salva** ['salʲva]
charope	**drickbar medicin** ['drikbar medi'siːn]
spray	**sprej** [sprɛj]
dropes	**droppar** ['dropar]

Você precisa de ir ao hospital.	**Du måste åka till sjukhuset.** [dʉ 'moste 'oːka tilʲ 'ɧʉːkhʉset]
seguro de saúde	**sjukförsäkring** ['ɧʉːkfø:'ʂɛkriŋ]
prescrição	**recept** [re'sɛpt]
repelente de insetos	**insektsmedel** ['insekts'medəlʲ]
penso rápido	**plåster** ['plʲostər]

O mínimo

Desculpe, ...

Ursäkta mig, ...
[ʉːˈʂɛkta mɛj, ...]

Olá!

Hej
[hɛj]

Obrigado /Obrigada/.

Tack
[tak]

Adeus.

Hej då
[hɛj doː]

Sim.

Ja
[ja]

Não.

Nej
[nɛj]

Não sei.

Jag vet inte.
[ja vet ˈintə]

Onde? | Para onde? | Quando?

Var? I Vart? I När?
[var? | vaːʈ? | nɛr?]

Preciso de ...

Jag behöver ...
[ja beˈhøvər ...]

Eu queria ...

Jag vill ...
[ja vilʲ ...]

Tem ...?

Har du ...?
[har dʉ: ...?]

Há aqui ...?

Finns det ... här?
[fins dɛ ... hæːr?]

Posso ...?

Får jag ... ?
[for ja: ...?]

..., por favor

..., tack
[..., tak]

Estou à procura de ...

Jag letar efter ...
[ja ˈlʲetar ˈɛfter ...]

casa de banho

en toalett
[en tuaˈlʲet]

Multibanco

en uttagsautomat
[en ʉːˈtaːgs autoˈmat]

farmácia

ett apotek
[et apʉˈtek]

hospital

ett sjukhus
[et ˈɧʉːkhʉs]

esquadra de polícia

en polisstation
[en poˈlis staˈɧuːn]

metro

tunnelbanan
[ˈtʉnəlʲ ˈbaːnan]

táxi	**en taxi** [en 'taksi]
estação de comboio	**en tågstation** [en 'to:g sta'ɧu:n]

Chamo-me ...	**Jag heter ...** [ja 'hetər ...]
Como se chama?	**Vad heter du?** [vad 'hetər dʉ:?]
Pode-me dar uma ajuda?	**Skulle du kunna hjälpa mig?** ['skʉlˡe dʉ: 'kuna 'jɛlˡpa mɛj?]
Tenho um problema.	**Jag har ett problem.** [ja har et proˈblˡem]
Não me sinto bem.	**Jag mår inte bra.** [ja mor 'intə bra:]
Chame a ambulância!	**Ring efter en ambulans!** ['riŋ 'ɛftər en ambʉ'lˡans!]
Posso fazer uma chamada?	**Får jag ringa ett samtal?** [for ja 'riŋa et 'sa:mtalˡ?]

Desculpe.	**Jag är ledsen.** [ja ær 'lˡesən]
De nada.	**Ingen orsak.** ['iŋen 'u:ʂak]

eu	**Jag, mig** [ja, mɛj]
tu	**du** [dʉ]
ele	**han** [han]
ela	**hon** [hon]
eles	**de:** [de:]
elas	**de:** [de:]
nós	**vi** [vi:]
vocês	**ni** [ni]
você	**du, Ni** [dʉ:, ni:]

ENTRADA	**INGÅNG** ['iŋo:ŋ]
SAÍDA	**UTGÅNG** ['ʉtgo:ŋ]
FORA DE SERVIÇO	**UR FUNKTION** [ʉ:r fʉnk'ɧu:n]
FECHADO	**STÄNGT** ['stɛŋt]

ABERTO

ÖPPET
['øpet]

PARA SENHORAS

FÖR KVINNOR
[før 'kvinor]

PARA HOMENS

FÖR MÄN
[før mɛn]

DICIONÁRIO CONCISO

Esta secção contém mais
de 1.500 palavras úteis,
organizadas por ordem
alfabética. O dicionário inclui
muitos termos gastronômicos
e será útil quando pedir
comida num restaurante ou
comprar alimentos numa loja

T&P Books Publishing

CONTEÚDO DO DICIONÁRIO

T&P Books Publishing

tempo (m)	tid (en)	['tid]
hora (f)	timme (en)	['timə]
meia hora (f)	halvtimme (en)	['halʲvˌtimə]
minuto (m)	minut (en)	[mi'nʉːt]
segundo (m)	sekund (en)	[se'kund]
hoje	i dag	[i 'dag]
amanhã	i morgon	[i 'mɔrgɔn]
ontem	i går	[i 'goːr]
segunda-feira (f)	måndag (en)	['mɔnˌdag]
terça-feira (f)	tisdag (en)	['tisˌdag]
quarta-feira (f)	onsdag (en)	['ʊnsˌdag]
quinta-feira (f)	torsdag (en)	['tʊːʂˌdag]
sexta-feira (f)	fredag (en)	['freˌdag]
sábado (m)	lördag (en)	['lʲøːˌdag]
domingo (m)	söndag (en)	['sœnˌdag]
dia (m)	dag (en)	['dag]
dia (m) de trabalho	arbetsdag (en)	['arbetsˌdag]
feriado (m)	helgdag (en)	['hɛljˌdag]
fim (m) de semana	helg, veckohelg (en)	[hɛlj], ['vɛkɔˌhɛlj]
semana (f)	vecka (en)	['vɛka]
na semana passada	förra veckan	['fœːra 'vɛkan]
na próxima semana	i nästa vecka	[i 'nɛsta 'vɛka]
nascer (m) do sol	soluppgång (en)	['sʊlʲ ˌup'gɔŋ]
pôr do sol (m)	solnedgång (en)	['sʊlʲ 'nedˌgɔŋ]
de manhã	på morgonen	[pɔ 'mɔrgɔnən]
à tarde	på eftermiddagen	[pɔ 'ɛftaˌmidagən]
à noite (noitinha)	på kvällen	[pɔ 'kvɛlʲen]
hoje à noite	i kväll	[i 'kvɛlʲ]
à noite	om natten	[ɔm 'natən]
meia-noite (f)	midnatt (en)	['midˌnat]
janeiro (m)	januari	['januˌari]
fevereiro (m)	februari	[fɛbrʉ'ari]
março (m)	mars	['maːʂ]
abril (m)	april	[a'prilʲ]
maio (m)	maj	['maj]
junho (m)	juni	['juːni]

julho (m)	**juli**	['juːli]
agosto (m)	**augusti**	[au'gusti]
setembro (m)	**september**	[sɛp'tɛmbər]
outubro (m)	**oktober**	[ɔk'tʊbər]
novembro (m)	**november**	[nɔ'vɛmbər]
dezembro (m)	**december**	[de'sɛmbər]
na primavera	**på våren**	[pɔ 'voːrən]
no verão	**på sommaren**	[pɔ 'sɔmarən]
no outono	**på hösten**	[pɔ 'høstən]
no inverno	**på vintern**	[pɔ 'vintərn]
mês (m)	**månad (en)**	['moːnad]
estação (f)	**årstid (en)**	['oːʂˌtid]
ano (m)	**år (ett)**	['oːr]
século (m)	**sekel (ett)**	['sekəlʲ]

2. Números. Numeração

algarismo, dígito (m)	**siffra (en)**	['sifra]
número (m)	**tal (ett)**	['talʲ]
menos (m)	**minus (ett)**	['minus]
mais (m)	**plus (ett)**	['plʉs]
soma (f)	**summa (en)**	['suma]
primeiro	**första**	['fœːʂta]
segundo	**andra**	['andra]
terceiro	**tredje**	['trɛdjə]
zero	**noll**	['nɔlʲ]
um	**ett**	[ɛt]
dois	**två**	['tvoː]
três	**tre**	['treː]
quatro	**fyra**	['fyra]
cinco	**fem**	['fem]
seis	**sex**	['sɛks]
sete	**sju**	['ɧʉː]
oito	**åtta**	['ota]
nove	**nio**	['niːʊ]
dez	**tio**	['tiːʊ]
onze	**elva**	['ɛlʲva]
doze	**tolv**	['tɔlʲv]
treze	**tretton**	['trɛttɔn]
catorze	**fjorton**	['fjʊːtɔn]
quinze	**femton**	['fɛmtɔn]
dezasseis	**sexton**	['sɛkstɔn]
dezassete	**sjutton**	['ɧʉːttɔn]

dezoito	**arton**	['aːʈɔn]
dezanove	**nitton**	['niːtːɔn]
vinte	**tjugo**	['ɕɵgʉ]
trinta	**trettio**	['trɛtːiʊ]
quarenta	**fyrtio**	['fœːʈiʊ]
cinquenta	**femtio**	['fɛmtiʊ]
sessenta	**sextio**	['sɛkstiʊ]
setenta	**sjuttio**	['ɧutːiʊ]
oitenta	**åttio**	['ottiʊ]
noventa	**nittio**	['nittiʊ]
cem	**hundra (ett)**	['hundra]
duzentos	**tvåhundra**	['tvoːˌhundra]
trezentos	**trehundra**	['treˌhundra]
quatrocentos	**fyrahundra**	['fyraˌhundra]
quinhentos	**femhundra**	['femˌhundra]
seiscentos	**sexhundra**	['sɛksˌhundra]
setecentos	**sjuhundra**	['ɧʉːˌhundra]
oitocentos	**åttahundra**	['otaˌhundra]
novecentos	**niohundra**	['niʊˌhundra]
mil	**tusen (ett)**	['tʉːsən]
dez mil	**tiotusen**	['tiːʊˌtʉːsən]
cem mil	**hundratusen**	['hundraˌtʉːsən]
um milhão	**miljon (en)**	[mi'ljʊn]
mil milhões	**miljard (en)**	[mi'ljaːɖ]

3. Humanos. Família

homem (m)	**man (en)**	['man]
jovem (m)	**yngling (en)**	['yŋliŋ]
adolescente (m)	**tonåring (en)**	[tɔ'noːriŋ]
mulher (f)	**kvinna (en)**	['kvina]
rapariga (f)	**tjej, flicka (en)**	[ɕej], ['flika]
idade (f)	**ålder (en)**	['ɔlʲdər]
adulto	**vuxen**	['vuksən]
de meia-idade	**medelålders**	['medelʲˌɔldɛʂ]
de certa idade	**äldre**	['ɛlʲdrə]
idoso	**gammal**	['gamalʲ]
velhote (m)	**gammal man (en)**	['gamalʲ ˌman]
velhota (f)	**gumma (en)**	['guma]
reforma (f)	**pension (en)**	[pan'ɧʊn]
reformar-se (vp)	**att gå i pension**	[at 'goː i pan'ɧʊn]
reformado (m)	**pensionär (en)**	[panɧʊ'næːr]

mãe (f)	mor (en)	['mʊr]
pai (m)	far (en)	['far]
filho (m)	son (en)	['sɔn]
filha (f)	dotter (en)	['dotər]
irmão (m)	bror (en)	['brʊr]
irmão mais velho	storebror (en)	['stʊrə‚brʊr]
irmão mais novo	lillebror (en)	['lilʲe‚brʊr]
irmã (f)	syster (en)	['sʏstər]
irmã mais velha	storasyster (en)	['stʊra‚sʏstər]
irmã mais nova	lillasyster (en)	['lilʲa‚sʏstər]
pais (pl)	föräldrar (pl)	[før'ɛlʲdrar]
criança (f)	barn (ett)	['ba:ɳ]
crianças (f pl)	barn (pl)	['ba:ɳ]
madrasta (f)	styvmor (en)	['styv‚mʊr]
padrasto (m)	styvfar (en)	['styv‚far]
avó (f)	mormor, farmor (en)	['mʊrmʊr], ['farmʊr]
avô (m)	morfar, farfar (en)	['mʊrfar], ['farfar]
neto (m)	barnbarn (ett)	['ba:ɳ‚ba:ɳ]
neta (f)	barnbarn (ett)	['ba:ɳ‚ba:ɳ]
netos (pl)	barnbarn (pl)	['ba:ɳ‚ba:ɳ]
tio (m)	farbror, morbror (en)	['far‚brʊr], ['mʊr‚brʊr]
tia (f)	faster, moster (en)	['fastər], ['mʊstər]
sobrinho (m)	brorson, systerson (en)	['brʊr‚sɔn], ['sʏsta‚sɔn]
sobrinha (f)	brorsdotter, systerdotter (en)	['brʊ:ʂ‚dotər], ['sʏstə‚dɔtər]
mulher (f)	hustru (en)	['hʉstrʉ]
marido (m)	man (en)	['man]
casado	gift	['jift]
casada	gift	['jift]
viúva (f)	änka (en)	['ɛŋka]
viúvo (m)	änkling (en)	['ɛŋkliŋ]
nome (m)	namn (ett)	['namn]
apelido (m)	efternamn (ett)	['ɛftə‚namn]
parente (m)	släkting (en)	['slʲɛktiŋ]
amigo (m)	vän (en)	['vɛ:n]
amizade (f)	vänskap (en)	['vɛn‚skap]
parceiro (m)	partner (en)	['pa:ʈnər]
superior (m)	överordnad (en)	['ø:vər‚ɔ:dɳat]
colega (m)	kollega (en)	[kɔ'lʲe:ga]
vizinhos (pl)	grannar (pl)	['granar]

4. Corpo humano

organismo (m)	organism (en)	[ɔrga'nism]
corpo (m)	kropp (en)	['krɔp]

coração (m)	hjärta (ett)	['jæːʈa]
sangue (m)	blod (ett)	['blʉd]
cérebro (m)	hjärna (en)	['jæːɳa]
nervo (m)	nerv (en)	['nɛrv]

osso (m)	ben (ett)	['beːn]
esqueleto (m)	skelett (ett)	[ske'lʲet]
coluna (f) vertebral	ryggrad (en)	['rʏg,rad]
costela (f)	revben (ett)	['rev,beːn]
crânio (m)	skalle (en)	['skalʲe]

músculo (m)	muskel (en)	['muskəlʲ]
pulmões (m pl)	lungor (pl)	['lʉŋʊr]
pele (f)	hud (en)	['hʉːd]

cabeça (f)	huvud (ett)	['hʉːvʉd]
cara (f)	ansikte (ett)	['ansiktə]
nariz (m)	näsa (en)	['nɛːsa]
testa (f)	panna (en)	['pana]
bochecha (f)	kind (en)	['çind]

boca (f)	mun (en)	['muːn]
língua (f)	tunga (en)	['tuŋa]
dente (m)	tand (en)	['tand]
lábios (m pl)	läppar (pl)	['lʲɛpar]
queixo (m)	haka (en)	['haka]

orelha (f)	öra (ett)	['øːra]
pescoço (m)	hals (en)	['halʲs]
garganta (f)	strupe, hals (en)	['strʉpə], ['halʲs]

olho (m)	öga (ett)	['øːga]
pupila (f)	pupill (en)	[pʉ'pilʲ]
sobrancelha (f)	ögonbryn (ett)	['øːgon,bryn]
pestana (f)	ögonfrans (en)	['øːgon,frans]

cabelos (m pl)	hår (pl)	['hoːr]
penteado (m)	frisyr (en)	[fri'syr]
bigode (m)	mustasch (en)	[mʉ'staːʃ]
barba (f)	skägg (ett)	['ɧɛg]
usar, ter (~ barba, etc.)	att ha	[at 'ha]
calvo	skallig	['skalig]

mão (f)	hand (en)	['hand]
braço (m)	arm (en)	['arm]
dedo (m)	finger (ett)	['fiŋər]
unha (f)	nagel (en)	['nagəlʲ]
palma (f) da mão	handflata (en)	['hand,flʲata]

ombro (m)	skuldra (en)	['skʉlʲdra]
perna (f)	ben (ett)	['beːn]
pé (m)	fot (en)	['fʊt]

| joelho (m) | knä (ett) | ['knɛː] |
| talão (m) | häl (en) | ['hɛːlʲ] |

costas (f pl)	rygg (en)	['rʏg]
cintura (f)	midja (en)	['midja]
sinal (m)	leverfläck (ett)	['lʲevərˌflɛk]
sinal (m) de nascença	födelsemärke (ett)	['føːdəlʲseˌmæːrkə]

5. Medicina. Doenças. Drogas

saúde (f)	hälsa, sundhet (en)	['hɛlʲsa], ['sundˌhet]
são	frisk	['frisk]
doença (f)	sjukdom (en)	['ɧʉːkˌdʊm]
estar doente	att vara sjuk	[at 'vara 'ɧʉːk]
doente	sjuk	['ɧʉːk]

constipação (f)	förkylning (en)	[førˈɕylʲniŋ]
constipar-se (vp)	att bli förkyld	[at bli førˈɕylʲd]
amigdalite (f)	halsfluss, angina (en)	['halʲsˌflʉs], [aŋˈgina]
pneumonia (f)	lunginflammation (en)	['lʉŋˌinflʲamaˈɧʊn]
gripe (f)	influensa (en)	[inflʉˈɛnsa]

nariz (m) a escorrer	snuva (en)	['snʉːva]
tosse (f)	hosta (en)	['hʊsta]
tossir (vi)	att hosta	[at 'hʊsta]
espirrar (vi)	att nysa	[at 'nysa]

| AVC (m), apoplexia (f) | stroke (en), hjärnslag (ett) | ['stroːk], ['jæːnˌɧlʲag] |

ataque (m) cardíaco	infarkt (en)	[inˈfarkt]
alergia (f)	allergi (en)	[alʲerˈgi]
asma (f)	astma (en)	['astma]
diabetes (f)	diabetes (en)	[diaˈbetəs]

tumor (m)	tumör (en)	[tʉˈmøːr]
cancro (m)	cancer (en)	['kansər]
alcoolismo (m)	alkoholism (en)	[alʲkʊhɔˈlizm]
SIDA (f)	AIDS	['ɛjds]
febre (f)	feber (en)	['febər]
enjoo (m)	sjösjuka (en)	['ɧøːˌɧʉːka]

nódoa (f) negra	blåmärke (ett)	['blʲoːˌmæːrkə]
galo (m)	bula (en)	['bʉːlʲa]
coxear (vi)	att halta	[at 'halʲta]
deslocação (f)	vrickning (en)	['vrikniŋ]
deslocar (vt)	att förvrida	[at førˈvrida]

fratura (f)	brott (ett), fraktur (en)	['brɔt], [frakˈtʉːr]
queimadura (f)	brännsår (ett)	['brɛnˌsoːr]
lesão (m)	skada (en)	['skada]

| dor (f) | värk, smärta (en) | ['væ:rk], ['smɛta] |
| dor (f) de dentes | tandvärk (en) | ['tand‿væ:rk] |

suar (vi)	att svettas	[at 'svɛtas]
surdo	döv	['dø:v]
mudo	stum	['stu:m]

imunidade (f)	immunitet (en)	[imʉni'te:t]
vírus (m)	virus (ett)	['vi:rʉs]
micróbio (m)	mikrob (en)	[mi'krɔb]
bactéria (f)	bakterie (en)	[bak'teriə]
infeção (f)	infektion (en)	[infɛk'ɧʊn]

hospital (m)	sjukhus (ett)	['ɧʉ:k‿hʉs]
cura (f)	kur (en)	['kʉ:r]
vacinar (vt)	att vaksinera	[at vaksi'nera]
estar em coma	att ligga i koma	[at 'liga i 'koma]
reanimação (f)	intensivavdelning (en)	[intɛn'siv‿av'dɛlˈniŋ]
sintoma (m)	symptom (ett)	[sʏmp'tɔm]
pulso (m)	puls (en)	['pulˈs]

6. Sentimentos. Emoções. Conversação

eu	jag	['ja:]
tu	du	[dʉ:]
ele	han	['han]
ela	hon	['hʊn]
ele, ela	det, den	[dɛ], [dɛn]

nós	vi	['vi]
vocês	ni	['ni]
eles, -as	de	[de:]

Olá!	Hej!	['hɛj]
Bom dia! (formal)	Hej! Hallå!	['hɛj], [ha'lˈo:]
Bom dia! (de manhã)	God morgon!	[‚gʊd 'mɔrgɔn]
Boa tarde!	God dag!	[‚gʊd 'dag]
Boa noite!	God kväll!	[‚gʊd 'kvɛlˈ]

cumprimentar (vt)	att hälsa	[at 'hɛlˈsa]
saudar (vt)	att hälsa	[at 'hɛlˈsa]
Como vai?	Hur står det till?	[hʉr sto: de 'tilˈ]
Como vais?	Hur är det?	[hʉr ɛr 'de:]
Adeus! (formal)	Adjö! Hej då!	[a'jø:], [hɛj'do:]
Até à vista! (informal)	Hej då!	[hɛj'do:]
Obrigado! -a!	Tack!	['tak]

sentimentos (m pl)	känslor (pl)	['ɕɛnslˈʊr]
ter fome	att vara hungrig	[at 'vara 'huŋrig]
ter sede	att vara törstig	[at 'vara 'tø:ʂtig]

cansado	trött	['trœt]
preocupar-se (vp)	att bekymra sig	[at be'çymra sɛj]
estar nervoso	att vara nervös	[at 'vara nɛr'vøːs]
esperança (f)	hopp (ett)	['hɔp]
esperar (vt)	att hoppas	[at 'hɔpas]

caráter (m)	karaktär (en)	[karak'tæːr]
modesto	blygsam	['blʲygsam]
preguiçoso	lat	['lʲat]
generoso	generös	[ɧene'røːs]
talentoso	talangfull	[ta'lʲaŋˌfulʲ]

honesto	ärlig	['æːɭig]
sério	allvarlig	[alʲ'vaːɭig]
tímido	blyg	['blʲyg]
sincero	uppriktig	['upˌriktig]
cobarde (m)	ynkrygg (en)	['yŋkrʏg]

dormir (vi)	att sova	[at 'sɔva]
sonho (m)	dröm (en)	['drøːm]
cama (f)	säng (en)	['sɛŋ]
almofada (f)	kudde (en)	['kudə]

insónia (f)	sömnlöshet (en)	['sœmnlʲøsˌhet]
ir para a cama	att gå till sängs	[at 'goː tilʲ 'sɛŋs]
pesadelo (m)	mardröm (en)	['maːɖˌrøm]
despertador (m)	väckarklocka (en)	['vɛkarˌklʲɔka]

sorriso (m)	leende (ett)	['lʲeəndə]
sorrir (vi)	att småle	[at 'smoːlʲe]
rir (vi)	att skratta	[at 'skrata]

discussão (f)	gräl (ett)	['grɛːlʲ]
insulto (m)	förolämpning (en)	[førʊ'lʲɛmpniŋ]
ofensa (f)	förnärmelse (en)	[fœ:'ŋæːrməlʲsə]
zangado	arg, vred	[arj], ['vred]

7. Vestuário. Acessórios pessoais

roupa (f)	kläder (pl)	['klʲɛːdər]
sobretudo (m)	rock, kappa (en)	['rɔk], ['kapa]
casaco (m) de peles	päls (en)	['pɛlʲs]
casaco, blusão (m)	jacka (en)	['jaka]
impermeável (m)	regnrock (en)	['rɛgnˌrɔk]

camisa (f)	skjorta (en)	['ɧuːʈa]
calças (f pl)	byxor (pl)	['byksʊr]
casaco (m) de fato	kavaj (en)	[ka'vaj]
fato (m)	kostym (en)	[kɔs'tym]
vestido (ex. ~ vermelho)	klänning (en)	['klʲɛniŋ]

saia (f)	kjol (en)	['ɕøːlʲ]
T-shirt, camiseta (f)	T-shirt (en)	['tiː.ʃɔːt]
roupão (m) de banho	morgonrock (en)	['mɔrgɔn‚rɔk]
pijama (m)	pyjamas (en)	[py'jamas]
roupa (f) de trabalho	arbetskläder (pl)	['arbets‚klʲɛːdər]

roupa (f) interior	underkläder (pl)	['undə‚klʲɛːdər]
peúgas (f pl)	sockor (pl)	['sɔkʊr]
sutiã (m)	behå (en)	[be'hoː]
meias-calças (f pl)	strumpbyxor (pl)	['strump‚byksʊr]
meias (f pl)	strumpor (pl)	['strumpʊr]
fato (m) de banho	baddräkt (en)	['bad‚drɛkt]

chapéu (m)	hatt (en)	['hat]
calçado (m)	skodon (pl)	['skʊdʊn]
botas (f pl)	stövlar (pl)	['støvlʲar]
salto (m)	klack (en)	['klʲak]

| atacador (m) | skosnöre (ett) | ['skʊ‚snøːrə] |
| graxa (f) para calçado | skokräm (en) | ['skʊ‚krɛm] |

algodão (m)	bomull (en)	['bʊ‚mulʲ]
lã (f)	ull (en)	['ulʲ]
pele (f)	päls (en)	['pɛlʲs]

luvas (f pl)	handskar (pl)	['hanskar]
mitenes (f pl)	vantar (pl)	['vantar]
cachecol (m)	halsduk (en)	['halʲs‚dʉːk]

| óculos (m pl) | glasögon (pl) | ['glʲas‚øːgɔn] |
| guarda-chuva (m) | paraply (ett) | [para'plʲy] |

| gravata (f) | slips (en) | ['slips] |
| lenço (m) | näsduk (en) | ['nɛs‚dʉk] |

| pente (m) | kam (en) | ['kam] |
| escova (f) para o cabelo | hårborste (en) | ['hoːr‚bɔːʂtə] |

fivela (f)	spänne (ett)	['spɛnə]
cinto (m)	bälte (ett)	['bɛlʲtə]
bolsa (f) de senhora	damväska (en)	['dam‚vɛska]

| colarinho (m), gola (f) | krage (en) | ['kragə] |
| bolso (m) | ficka (en) | ['fika] |

| manga (f) | ärm (en) | ['æːrm] |
| braguilha (f) | gylf (en) | ['gylʲf] |

fecho (m) de correr	blixtlås (ett)	['blikst‚lʲoːs]
botão (m)	knapp (en)	['knap]
sujar-se (vp)	att smutsa ned sig	[at 'smutsa ned sɛj]
mancha (f)	fläck (en)	['flʲɛk]

8. Cidade. Instituições urbanas

loja (f)	affär, butik (en)	[a'fæ:r], [bu'tik]
centro (m) comercial	köpcenter (ett)	['çø:p,sɛntɛr]
supermercado (m)	snabbköp (ett)	['snab,çø:p]
sapataria (f)	skoaffär (en)	['skʊ:a,fæ:r]
livraria (f)	bokhandel (en)	['bʊk,handəlʲ]

farmácia (f)	apotek (ett)	[apʊ'tek]
padaria (f)	bageri (ett)	[bage'ri:]
pastelaria (f)	konditori (ett)	[kɔnditʊ'ri:]
mercearia (f)	speceriaffär (en)	[spese'ri a'fæ:r]
talho (m)	slaktare butik (en)	['slʲaktarə bu'tik]
loja (f) de legumes	grönsakshandel (en)	['grø:nsaks,handəlʲ]
mercado (m)	marknad (en)	['marknad]

salão (m) de cabeleireiro	frisersalong (en)	['frisɘr şa,lʲɔŋ]
correios (m pl)	post (en)	['pɔst]
lavandaria (f)	kemtvätt (en)	['çemtvæt]
circo (m)	cirkus (en)	['sirkʉs]
jardim (m) zoológico	zoo (ett)	['sʊ:]

teatro (m)	teater (en)	[te'atɘr]
cinema (m)	biograf (en)	[biʊ'graf]
museu (m)	museum (ett)	[mʉ'seum]
biblioteca (f)	bibliotek (ett)	[bibliʊ'tek]

mesquita (f)	moské (en)	[mʊs'ke:]
sinagoga (f)	synagoga (en)	['syna,gɔga]
catedral (f)	katedral (en)	[katɛ'dralʲ]
templo (m)	tempel (ett)	['tɛmpəlʲ]
igreja (f)	kyrka (en)	['çyrka]

instituto (m)	institut (ett)	[insti'tʉt]
universidade (f)	universitet (ett)	[univɛşi'tet]
escola (f)	skola (en)	['skʊlʲa]

hotel (m)	hotell (ett)	[hʊ'tɛlʲ]
banco (m)	bank (en)	['baŋk]
embaixada (f)	ambassad (en)	[amba'sad]
agência (f) de viagens	resebyrå (en)	['reseby,rɔ:]

metro (m)	tunnelbana (en)	['tunəlʲ,bana]
hospital (m)	sjukhus (ett)	['ɧʉ:k,hʉs]
posto (m) de gasolina	bensinstation (en)	[bɛn'sin,sta'ɧun]
parque (m) de estacionamento	parkeringsplats (en)	[par'keriŋs,plʲats]

ENTRADA	INGÅNG	['in,gɔŋ]
SAÍDA	UTGÅNG	['ʉt,gɔŋ]
EMPURRE	TRYCK	['tryk]

PUXE	DRAG	['drag]
ABERTO	ÖPPET	['øpet]
FECHADO	STÄNGT	['stɛŋt]

monumento (m)	monument (ett)	[mɔnu'mɛnt]
fortaleza (f)	fästning (en)	['fɛstniŋ]
palácio (m)	palats (ett)	[pa'lʲats]

medieval	medeltida	['medəlʲˌtida]
antigo	gammal	['gamalʲ]
nacional	nationell	[natʃʊ'nɛlʲ]
conhecido	berömd	[be'rœmd]

9. Dinheiro. Finanças

dinheiro (m)	pengar (pl)	['pɛŋar]
moeda (f)	mynt (ett)	['mʏnt]
dólar (m)	dollar (en)	['dɔlʲar]
euro (m)	euro (en)	['ɛvrɔ]

Caixa Multibanco (m)	bankomat (en)	[baŋkʊ'mat]
casa (f) de câmbio	växelkontor (ett)	['vɛksəlʲ kɔn'tʊr]
taxa (f) de câmbio	kurs (en)	['ku:ʂ]
dinheiro (m) vivo	kontanter (pl)	[kɔn'tantər]

Quanto?	Hur mycket?	[hʉr 'mʏkə]
pagar (vt)	att betala	[at be'talʲa]
pagamento (m)	betalning (en)	[be'talʲniŋ]
troco (m)	växel (en)	['vɛksəlʲ]

preço (m)	pris (ett)	['pris]
desconto (m)	rabatt (en)	[ra'bat]
barato	billig	['bilig]
caro	dyr	['dyr]

banco (m)	bank (en)	['baŋk]
conta (f)	konto (ett)	['kɔntʊ]
cartão (m) de crédito	kreditkort (ett)	[kre'ditˌkɔ:t]
cheque (m)	check (en)	['ɕɛk]
passar um cheque	att skriva en check	[at 'skriva en 'ɕɛk]
livro (m) de cheques	checkbok (en)	['ɕɛkˌbʊk]

dívida (f)	skuld (en)	['skʉlʲd]
devedor (m)	gäldenär (en)	[jɛlʲdɛ'næ:r]
emprestar (vt)	att låna ut	[at 'lʲo:na ʉt]
pedir emprestado	att låna	[at 'lʲo:na]

alugar (vestidos, etc.)	att hyra	[at 'hyra]
a crédito	på kredit	[pɔ kre'dit]
carteira (f)	plånbok (en)	['plʲo:nˌbʊk]

cofre (m)	säkerhetsskåp (ett)	['sɛ:kərhetsˌsko:p]
herança (f)	arv (ett)	['arv]
fortuna (riqueza)	förmögenhet (en)	[før'møgənˌhet]

imposto (m)	skatt (en)	['skat]
multa (f)	bot (en)	['bʊt]
multar (vt)	att bötfälla	[at 'bøtˌfɛlʲa]

grossista	grossist-, engros-	[grɔ'sist-], [ɛn'gro-]
a retalho	detalj-	[de'talj-]
fazer um seguro	att försäkra	[at fœ:'ʂɛkra]
seguro (m)	försäkring (en)	[fœ:'ʂɛkriŋ]

capital (m)	kapital (ett)	[kapi'talʲ]
volume (m) de negócios	omsättning (en)	['ɔmˌsætniŋ]
ação (f)	aktie (en)	['aktsiə]
lucro (m)	vinst, förtjänst (en)	['vinst], [fœ:'ɕɛ:nst]
lucrativo	fördelaktig	[fø:dəlʲ'aktig]

crise (f)	kris (en)	['kris]
bancarrota (f)	konkurs (en)	[kɔŋ'ku:ʂ]
entrar em falência	att göra konkurs	[at 'jø:ra kɔŋ'ku:ʂ]

contabilista (m)	bokförare (en)	['bʊkˌfø:rarə]
salário, ordenado (m)	lön (en)	['lʲø:n]
prémio (m)	bonus, premie (en)	['bʊnus], ['premiə]

10. Transportes

autocarro (m)	buss (en)	['bus]
elétrico (m)	spårvagn (en)	['spo:rˌvagn]
troleicarro (m)	trådbuss (en)	['tro:dˌbus]

ir de … (carro, etc.)	att åka med …	[at 'o:ka me …]
entrar (~ no autocarro)	att stiga på …	[at 'stiga pɔ …]
descer de …	att stiga av …	[at 'stiga 'av …]

paragem (f)	hållplats (en)	['ho:lʲˌplats]
ponto (m) final	slutstation (en)	['slʉtˌsta'ʃʊn]
horário (m)	tidtabell (en)	['tid ta'bɛlʲ]
bilhete (m)	biljett (en)	[bi'lʲet]
atrasar-se (vp)	att komma för sent	[at 'kɔma før 'sɛnt]

táxi (m)	taxi (en)	['taksi]
de táxi (ir ~)	med taxi	[me 'taksi]
praça (f) de táxis	taxihållplats (en)	['taksi 'ho:lʲˌplʲats]

tráfego (m)	trafik (en)	[tra'fik]
horas (f pl) de ponta	rusningstid (en)	['rusniŋsˌtid]
estacionar (vi)	att parkera	[at par'kera]

metro (m)	tunnelbana (en)	['tunəlᵎbana]
estação (f)	station (en)	[sta'ɧʊn]
comboio (m)	tåg (ett)	['to:g]
estação (f)	tågstation (en)	['to:g‚sta'ɧʊn]
trilhos (m pl)	räls, rälsar (pl)	['rɛlᵎs], ['rɛlᵎsar]
compartimento (m)	kupé (en)	[kʉ'pe:]
cama (f)	slaf, säng (en)	['slaf], ['sɛŋ]

avião (m)	flygplan (ett)	['flᵎygplᵎan]
bilhete (m) de avião	flygbiljett (en)	['flᵎyg bi‚lᵎet]
companhia (f) aérea	flygbolag (ett)	['flᵎyg‚bʊlᵎag]
aeroporto (m)	flygplats (en)	['flᵎyg‚plᵎats]

voo (m)	flygning (en)	['flᵎygniŋ]
bagagem (f)	bagage (ett)	[ba'ga:ʃ]
carrinho (m)	bagagevagn (en)	[ba'ga:ʃ‚vagn]

navio (m)	skepp (ett)	['ɧɛp]
transatlântico (m)	kryssningfartyg (ett)	['krysniŋ‚fa:'tyg]
iate (m)	jakt (en)	['jakt]
bote, barco (m)	båt (en)	['bo:t]

capitão (m)	kapten (en)	[kap'ten]
camarote (m)	hytt (en)	['hʏt]
porto (m)	hamn (en)	['hamn]

bicicleta (f)	cykel (en)	['sykəlᵎ]
scotter, lambreta (f)	scooter (en)	['sku:tər]
mota (f)	motorcykel (en)	['mʊtʊr‚sykəlᵎ]
pedal (m)	pedal (en)	[pe'dalᵎ]
bomba (f) de ar	pump (en)	['pump]
roda (f)	hjul (ett)	['jʉ:lᵎ]

carro, automóvel (m)	bil (en)	['bilᵎ]
ambulância (f)	ambulans (en)	[ambʉ'lᵎans]
camião (m)	lastbil (en)	['lᵎast‚bilᵎ]
usado	begagnad	[be'gagnad]
acidente (m) de carro	bilolycka (en)	['bilᵎ ʊ:'lᵎyka]
reparação (f)	reparation (en)	[repara'ɧʊn]

11. Comida. Parte 1

carne (f)	kött (ett)	['ɕœt]
galinha (f)	höna (en)	['hø:na]
pato (m)	anka (en)	['aŋka]

carne (f) de porco	fläsk (ett)	['flᵎɛsk]
carne (f) de vitela	kalvkött (en)	['kalᵎv‚ɕœt]
carne (f) de carneiro	lammkött (ett)	['lᵎam‚ɕœt]
carne (f) de vaca	oxkött, nötkött (ett)	['ʊks‚ɕœt], ['nø:t‚ɕœt]

chouriço (m)	korv (en)	['kɔrv]
ovo (m)	ägg (ett)	['ɛg]
peixe (m)	fisk (en)	['fisk]
queijo (m)	ost (en)	['ʊst]
açúcar (m)	socker (ett)	['sɔkər]
sal (m)	salt (ett)	['salʲt]

arroz (m)	ris (ett)	['ris]
massas (f pl)	pasta (en), makaroner (pl)	['pasta], [maka'rʊnər]
manteiga (f)	smör (ett)	['smœːr]
óleo (m)	vegetabilisk olja (en)	[vegeta'bilisk 'ɔlja]
pão (m)	bröd (ett)	['brøːd]
chocolate (m)	choklad (en)	[ʃɔk'lʲad]

vinho (m)	vin (ett)	['vin]
café (m)	kaffe (ett)	['kafə]
leite (m)	mjölk (en)	['mjœlʲk]
sumo (m)	juice (en)	['juːs]
cerveja (f)	öl (ett)	['øːlʲ]
chá (m)	te (ett)	['teː]

tomate (m)	tomat (en)	[tʊ'mat]
pepino (m)	gurka (en)	['gurka]
cenoura (f)	morot (en)	['mʊˌrʊt]
batata (f)	potatis (en)	[pʊ'tatis]
cebola (f)	lök (en)	['lʲøːk]
alho (m)	vitlök (en)	['vitˌlʲøːk]

couve (f)	kål (en)	['koːlʲ]
beterraba (f)	rödbeta (en)	['røːdˌbeta]
beringela (f)	aubergine (en)	[ɔbɛr'ʒin]
funcho, endro (m)	dill (en)	['dilʲ]

| alface (f) | sallad (en) | ['salʲad] |
| milho (m) | majs (en) | ['majs] |

fruta (f)	frukt (en)	['frʉkt]
maçã (f)	äpple (ett)	['ɛplʲe]
pera (f)	päron (ett)	['pæːron]
limão (m)	citron (en)	[si'trʊn]

| laranja (f) | apelsin (en) | [apɛlʲ'sin] |
| morango (m) | jordgubbe (en) | ['juːdˌgubə] |

ameixa (f)	plommon (ett)	['plʲʊmɔn]
framboesa (f)	hallon (ett)	['halʲɔn]
ananás (m)	ananas (en)	['ananas]
banana (f)	banan (en)	['banan]
melancia (f)	vattenmelon (en)	['vatənˌme'lʲʊn]
uva (f)	druva (en)	['drʉːva]
meloa (f)	melon (en)	[me'lʲʊn]

12. Comida. Parte 2

cozinha (~ portuguesa)	kök (ett)	['çø:k]
receita (f)	recept (ett)	[re'sɛpt]
comida (f)	mat (en)	['mat]

tomar o pequeno-almoço	att äta frukost	[at 'ɛ:ta 'frɯ:kɔst]
almoçar (vi)	att äta lunch	[at 'ɛ:ta ˌlɯnɕ]
jantar (vi)	att äta kvällsmat	[at 'ɛ:ta 'kvɛlˑsˌmat]

sabor, gosto (m)	smak (en)	['smak]
gostoso	läcker	['lˑɛkər]
frio	kall	['kalˑ]
quente	het, varm	['het], ['varm]
doce (açucarado)	söt	['sø:t]
salgado	salt	['salˑt]

sandes (f)	smörgås (en)	['smœrˌgo:s]
conduto (m)	tillbehör (ett)	['tilˑbeˌhør]
recheio (m)	fyllning (en)	['fylˑniŋ]
molho (m)	sås (en)	['so:s]
pedaço (~ de bolo)	bit (en)	['bit]

dieta (f)	diet (en)	[di'et]
vitamina (f)	vitamin (ett)	[vita'min]
caloria (f)	kalori (en)	[kalɔ'ri:]
vegetariano (m)	vegetarian (en)	[vegetiri'an]

restaurante (m)	restaurang (en)	[rɛstɔ'raŋ]
café (m)	kafé (ett)	[ka'fe:]
apetite (m)	aptit (en)	['aptit]
Bom apetite!	Smaklig måltid!	['smaklig 'mo:lˑtid]

empregado (m) de mesa	servitör (en)	[sɛrvi'tø:r]
empregada (f) de mesa	servitris (en)	[sɛrvi'tris]
barman (m)	bartender (en)	['ba:ˌtɛndər]
ementa (f)	meny (en)	[me'ny]

colher (f)	sked (en)	['ɧed]
faca (f)	kniv (en)	['kniv]
garfo (m)	gaffel (en)	['gafəlˑ]
chávena (f)	kopp (en)	['kop]

prato (m)	tallrik (en)	['talˑrik]
pires (m)	tefat (ett)	['teˌfat]
guardanapo (m)	servett (en)	[sɛr'vɛt]
palito (m)	tandpetare (en)	['tandˌpetarə]

pedir (vt)	att beställa	[at be'stɛlˑa]
prato (m)	rätt (en)	['rɛt]
porção (f)	portion (en)	[pɔ:'t'ɧɯn]

entrada (f)	förrätt (en)	['fœ:ræt]
salada (f)	sallad (en)	['salʲad]
sopa (f)	soppa (en)	['sɔpa]

sobremesa (f)	dessert (en)	[dɛ'sɛ:r]
doce (m)	sylt (en)	['sylʲt]
gelado (m)	glass (en)	['glʲas]

conta (f)	nota (en)	['nʊta]
pagar a conta	att betala notan	[at be'talʲa 'nʊtan]
gorjeta (f)	dricks (en)	['driks]

13. Casa. Apartamento. Parte 1

casa (f)	hus (ett)	['hʉs]
casa (f) de campo	fritidshus (ett)	['fritids,hʉs]
vila (f)	villa (en)	['vilʲa]

andar (m)	våning (en)	['vo:niŋ]
entrada (f)	ingång (en)	['in,gɔŋ]
parede (f)	mur, vägg (en)	['mʉ:r], [vɛg]
telhado (m)	tak (ett)	['tak]
chaminé (f)	skorsten (en)	['skɔ:,sten]

sótão (m)	vind, vindsvåning (en)	['vind], ['vinds,vo:niŋ]
janela (f)	fönster (ett)	['fœnstər]
parapeito (m)	fönsterbleck (ett)	['fœnster,blʲek]
varanda (f)	balkong (en)	[balʲ'kɔŋ]

escada (f)	trappa (en)	['trapa]
caixa (f) de correio	brevlåda (en)	['brev,lʲo:da]
caixote (m) do lixo	soptunna (en)	['sʊp,tuna]
elevador (m)	hiss (en)	['his]

eletricidade (f)	elektricitet (en)	[ɛlʲektrisi'tet]
lâmpada (f)	glödlampa (en)	['glʲø:d,lʲampa]
interruptor (m)	strömbrytare (en)	['strø:m,brytarə]
tomada (f)	eluttag (ett)	['ɛlʲ,ʉ:'tag]
fusível (m)	säkring (en)	['sɛkriŋ]

porta (f)	dörr (en)	['dœr]
maçaneta (f)	dörrhandtag (ett)	['dœr,hantag]
chave (f)	nyckel (en)	['nʏkəlʲ]
tapete (m) de entrada	dörrmatta (en)	['dœr,mata]

fechadura (f)	dörrlås (ett)	['dœr,lʲo:s]
campainha (f)	ringklocka (en)	['riŋ,klʲoka]
batida (f)	knackning (en)	['knakniŋ]
bater (vi)	att knacka	[at 'knaka]
vigia (f), olho (m) mágico	kikhål, titthål (ett)	['kik,ho:lʲ], ['tit,ho:lʲ]

pátio (m)	gård (en)	['goːd̩]
jardim (m)	trädgård (en)	['trɛːgoːd̩]
piscina (f)	simbassäng (en)	['simbaˌsɛŋ]
ginásio (m)	gym (ett)	['dʒym]
campo (m) de ténis	tennisbana (en)	['tɛnisˌbana]
garagem (f)	garage (ett)	[ga'raʃ]

propriedade (f) privada	privategendom (en)	[pri'vat 'ɛgənˌdʊm]
sinal (m) de aviso	varningsskylt (en)	['vaːɳiɳs ˌɧylʲt]
guarda (f)	säkerhet (en)	['sɛːkərˌhet]
guarda (m)	säkerhetsvakt (en)	['sɛːkərhetsˌvakt]

renovação (f)	renovering (en)	[renʊ'veriŋ]
renovar (vt), fazer obras	att renovera	[at renʊ'vera]
arranjar (vt)	att bringa ordning	[at 'briŋa 'ɔːdɳiŋ]
pintar (vt)	att måla	[at 'moːlʲa]
papel (m) de parede	tapet (en)	[ta'pet]
envernizar (vt)	att lackera	[at lʲa'kera]

tubo (m)	rör (ett)	['røːr]
ferramentas (f pl)	verktyg (pl)	['vɛrkˌtyg]
cave (f)	källare (en)	['ɕɛlʲarə]
sistema (m) de esgotos	avlopp (ett)	['avˌlʲɔp]

14. Casa. Apartamento. Parte 2

apartamento (m)	lägenhet (en)	['lʲeːgənˌhet]
quarto (m)	rum (ett)	['ruːm]
quarto (m) de dormir	sovrum (ett)	['sɔvˌrum]
sala (f) de jantar	matsal (en)	['matsalʲ]

sala (f) de estar	vardagsrum (ett)	['vaːɖasˌrum]
escritório (m)	arbetsrum (ett)	['aɾbetsˌrum]
antessala (f)	entréhall (en)	[ɛntre:halʲ]
quarto (m) de banho	badrum (ett)	['badˌruːm]
quarto (m) de banho	toalett (en)	[tʊa'lʲet]

| chão, soalho (m) | golv (ett) | ['gɔlʲv] |
| teto (m) | tak (ett) | ['tak] |

limpar o pó	att damma	[at 'dama]
aspirador (m)	dammsugare (en)	['damˌsɵgarə]
aspirar (vt)	att dammsuga	[at 'damˌsɵga]

esfregona (f)	mopp (en)	['mɔp]
pano (m), trapo (m)	trasa (en)	['trasa]
vassoura (f)	sopkvast (en)	['sʊpˌkvast]
pá (f) de lixo	sopskyffel (en)	['sʊpˌɧyfəlʲ]
mobiliário (m)	möbel (en)	['møːbəlʲ]
mesa (f)	bord (ett)	['bʊːd̩]

cadeira (f)	stol (en)	['stʊlʲ]
cadeirão (m)	fåtölj, länstol (en)	[foːˈtœljˌ], [ˈlɛnˌstʊlʲ]
biblioteca (f)	bokhylla (en)	[ˈbʊkˌhylʲa]
prateleira (f)	hylla (en)	[ˈhylʲa]
guarda-vestidos (m)	garderob (en)	[gaˈdəˈrɔːb]
espelho (m)	spegel (en)	[ˈspegəlʲ]
tapete (m)	matta (en)	[ˈmata]
lareira (f)	kamin (en), eldstad (ett)	[kaˈmin], [ˈɛlʲdˌstad]
cortinas (f pl)	gardiner (pl)	[gaˈdinər]
candeeiro (m) de mesa	bordslampa (en)	[ˈbʊːdsˌlʲampa]
lustre (m)	ljuskrona (en)	[ˈjʉːsˌkrʊna]
cozinha (f)	kök (ett)	[ˈɕøːk]
fogão (m) a gás	gasspis (en)	[ˈgasˌspis]
fogão (m) elétrico	elektrisk spis (en)	[ɛˈlʲelektrisk ˌspis]
forno (m) de micro-ondas	mikrovågsugn (en)	[ˈmikrʊvɔgsˌugn]
frigorífico (m)	kylskåp (ett)	[ˈɕylʲˌskoːp]
congelador (m)	frys (en)	[ˈfrys]
máquina (f) de lavar louça	diskmaskin (en)	[ˈdiskˌmaˈʃiːn]
torneira (f)	kran (en)	[ˈkran]
moedor (m) de carne	köttkvarn (en)	[ˈɕœtˌkvaːn]
espremedor (m)	juicepress (en)	[ˈjuːsˌprɛs]
torradeira (f)	brödrost (en)	[ˈbrøːdˌrɔst]
batedeira (f)	mixer (en)	[ˈmiksər]
máquina (f) de café	kaffebryggare (en)	[ˈkafəˌbrʏgarə]
chaleira (f)	tekittel (en)	[ˈteˌɕitəlʲ]
bule (m)	tekanna (en)	[ˈteˌkana]
televisor (m)	teve (en)	[ˈteve]
videogravador (m)	video (en)	[ˈvideʊ]
ferro (m) de engomar	strykjärn (ett)	[ˈstrykˌjæːn]
telefone (m)	telefon (en)	[telʲeˈfɔn]

15. Profissões. Estatuto social

diretor (m)	direktör (en)	[dirɛkˈtøːr]
superior (m)	överordnad (en)	[ˈøːvərˌɔːdnat]
presidente (m)	president (en)	[prɛsiˈdɛnt]
assistente (m)	assistent (en)	[asiˈstɛnt]
secretário (m)	sekreterare (en)	[sɛkrəˈterarə]
proprietário (m)	ägare (en)	[ˈɛːgarə]
parceiro, sócio (m)	partner (en)	[ˈpaˌʈnər]
acionista (m)	aktieägare (en)	[ˈaktsiəˌɛːgarə]
homem (m) de negócios	affärsman (en)	[aˈfæːˌʂˌman]

milionário (m)	miljonär (en)	[milju'næ:r]
bilionário (m)	miljardär (en)	[milja:'dʲæ:r]
ator (m)	skådespelare (en)	['sko:dəˌspelʲarə]
arquiteto (m)	arkitekt (en)	[arki'tɛkt]
banqueiro (m)	bankir (en)	[baŋ'kir]
corretor (m)	mäklare (en)	['mɛklʲarə]
veterinário (m)	veterinär (en)	[vetəri'næ:r]
médico (m)	läkare (en)	['lʲɛ:karə]
camareira (f)	städerska (en)	['stɛ:dɛʂka]
designer (m)	designer (en)	[de'sajnər]
correspondente (m)	korrespondent (en)	[korɛspɔn'dɛnt]
entregador (m)	bud (en)	['bʉ:d]
eletricista (m)	elektriker (en)	[ɛ'lʲektrikər]
músico (m)	musiker (en)	['mʉsikər]
babysitter (f)	barnflicka (en)	['ba:nˌflika]
cabeleireiro (m)	frisör (en)	[fri'sø:r]
pastor (m)	herde (en)	['hɛ:də]
cantor (m)	sångare (en)	['sɔŋarə]
tradutor (m)	översättare (en)	['ø:vəˌʂætarə]
escritor (m)	författare (en)	[før'fatarə]
carpinteiro (m)	timmerman (en)	['timərˌman]
cozinheiro (m)	kock (en)	['kɔk]
bombeiro (m)	brandman (en)	['brandˌman]
polícia (m)	polis (en)	[pʊ'lis]
carteiro (m)	brevbärare (en)	['brevˌbæ:rarə]
programador (m)	programmerare (en)	[prɔgra'merarə]
vendedor (m)	försäljare (en)	[fœ:'ʂɛljarə]
operário (m)	arbetare (en)	['arˌbetarə]
jardineiro (m)	trädgårdsmästare (en)	['trɛ:go:dʂ 'mɛstarə]
canalizador (m)	rörmokare (en)	['rø:rˌmɔkarə]
estomatologista (m)	tandläkare (en)	['tandˌlʲɛ:karə]
hospedeira (f) de bordo	flygvärdinna (en)	['flʲygˌvæ:dina]
bailarino (m)	dansör (en)	[dan'sø:r]
guarda-costas (m)	livvakt (en)	['li:vˌvakt]
cientista (m)	vetenskapsman (en)	['vetənskapsˌman]
professor (m)	lärare (en)	['lʲæ:rarə]
agricultor (m)	lantbrukare, bonde (en)	['lʲantˌbrʉ:karə], ['bʊndə]
cirurgião (m)	kirurg (en)	[ɕi'rʉrg]
mineiro (m)	gruvarbetare (en)	['gru:vˌar'betarə]
cozinheiro chefe (m)	kökschef (en)	['ɕœksˌʃef]
condutor (automobilista)	chaufför (en)	[ʃɔ'fø:r]

16. Desporto

tipo (m) de desporto	idrottsgren (en)	['idrɔts̩gren]
futebol (m)	fotboll (en)	['fʊtbɔlʲ]
hóquei (m)	ishockey (en)	['is̩hɔki]
basquetebol (m)	basket (en)	['basket]
beisebol (m)	baseboll (en)	['bɛjsbɔlʲ]

voleibol (m)	volleyboll (en)	['vɔli̩bɔlʲ]
boxe (m)	boxning (en)	['bʊksniŋ]
luta (f)	brottning (en)	['brɔtniŋ]
ténis (m)	tennis (en)	['tɛnis]
natação (f)	simning (en)	['simniŋ]

xadrez (m)	schack (ett)	['ʃak]
corrida (f)	löpning (en)	['lʲœpniŋ]
atletismo (m)	friidrott (en)	['fri: 'i̩drɔt]
patinagem (f) artística	konståkning (en)	['kɔn̩sto:kniŋ]
ciclismo (m)	cykelsport (en)	['sykəlʲ̩spɔ:t]

bilhar (m)	biljard (en)	[bi'lja:d]
musculação (f)	kroppsbyggande (ett)	['krɔps̩bygandə]
golfe (m)	golf (en)	['gɔlʲf]
mergulho (m)	dykning (en)	['dʏkniŋ]
vela (f)	segelsport (en)	['segəlʲ̩spɔ:t]
tiro (m) com arco	bågskjutning (ett)	['bo:g̩ɧʉ:tniŋ]

tempo (m)	halvlek (en)	['halʲv̩lʲek]
intervalo (m)	halvtid (en)	['halʲv̩tid]
empate (m)	oavgjort (ett)	[ʊ:av'jʊ:t]
empatar (vi)	att spela oavgjort	[at 'spelʲa u:av'jʊ:t]

passadeira (f)	löpband (ett)	['lʲø:p̩band]
jogador (m)	spelare (en)	['spelʲarə]
jogador (m) de reserva	reserv, avbytare (en)	[re'sɛrv], ['av̩bytarə]
banco (m) de reservas	reservbänk (en)	[re'sɛrv̩bɛŋk]

jogo (desafio)	match (en)	['matʃ]
baliza (f)	mål (ett)	['mo:lʲ]
guarda-redes (m)	målvakt (en)	['mo:lʲ̩vakt]
golo (m)	mål (ett)	['mo:lʲ]

Jogos (m pl) Olímpicos	de olympiska spelen	[de ʊ'limpiska 'spelʲən]
estabelecer um recorde	att sätta rekord	[at 'sæta re'kɔ:d]
final (m)	final (en)	[fi'nalʲ]
campeão (m)	mästare (en)	['mɛstarə]
campeonato (m)	mästerskap (ett)	['mɛstə̩skap]

vencedor (m)	segrare (en)	['sɛg̩rarə]
vitória (f)	seger (en)	['segər]
ganhar (vi)	att vinna	[at 'vina]

| perder (vt) | att förlora | [at fœː'lʲʊra] |
| medalha (f) | medalj (en) | [me'dalj] |

primeiro lugar (m)	förstaplats (en)	['fœːʂta plʲats]
segundo lugar (m)	andraplats (en)	['andra plʲats]
terceiro lugar (m)	tredjeplats (en)	['trɛdjə plʲats]

estádio (m)	stadion (ett)	['stadiʊn]
fã, adepto (m)	fan (ett)	['fan]
treinador (m)	tränare (en)	['trɛːnarə]
treino (m)	träning (en)	['trɛːniŋ]

17. Línguas estrangeiras. Ortografia

língua (f)	språk (ett)	['sproːk]
estudar (vt)	att studera	[at stu'dera]
pronúncia (f)	uttal (ett)	['ʊt talʲ]
sotaque (m)	brytning (en)	['brʏtniŋ]

substantivo (m)	substantiv (ett)	['substan tiv]
adjetivo (m)	adjektiv (ett)	['adjɛk tiv]
verbo (m)	verb (ett)	['vɛrb]
advérbio (m)	adverb (ett)	[ad'vɛrb]

pronome (m)	pronomen (ett)	[prʊ'nʊmən]
interjeição (f)	interjektion (en)	[intɛrjɛk'ʃʊn]
preposição (f)	preposition (en)	[prepʊsi'ʃʊn]

raiz (f) da palavra	rot (en)	['rʊt]
terminação (f)	ändelse (en)	['ɛndəlʲsə]
prefixo (m)	prefix (ett)	[prɛ'fiks]
sílaba (f)	stavelse (en)	['stavəlʲsə]
sufixo (m)	suffix (ett)	[su'fiːks]

acento (m)	betoning (en)	[be'tʊniŋ]
ponto (m)	punkt (en)	['pʊŋkt]
vírgula (f)	komma (ett)	['kɔma]
dois pontos (m pl)	kolon (ett)	[kʊ'lʲɔn]
reticências (f pl)	tre punkter (pl)	[trɛ 'pʊŋktər]

pergunta (f)	fråga (en)	['froːga]
ponto (m) de interrogação	frågetecken (ett)	['froːgə tɛkən]
ponto (m) de exclamação	utropstecken (ett)	['ʉtrʊps tɛkən]

entre aspas	inom anföringstecken	['inɔm ɑn'fœriŋs tɛkən]
entre parênteses	inom parentes	['inɔm parɛn'tes]
letra (f)	bokstav (en)	['bʊkstav]
letra (f) maiúscula	stor bokstav (en)	['stʊr 'bʊkstav]
frase (f)	mening, sats (en)	['meniŋ], ['sats]
grupo (m) de palavras	ordkombination (en)	['ʊːd̞kɔmbina'ʃʊn]

expressão (f)	uttryck (ett)	['ʉt̪ˌtrʏk]
sujeito (m)	subjekt (ett)	[sub'jɛːkt]
predicado (m)	predikat (ett)	[predi'kat]
linha (f)	rad (en)	['rad]
parágrafo (m)	stycke (ett)	['stʏkə]

sinónimo (m)	synonym (en)	[synɔ'nym]
antónimo (m)	antonym, motsats (en)	[antɔ'nʏm], ['mʊtsats]
exceção (f)	undantag (ett)	['undanˌtaːg]
sublinhar (vt)	att understryka	[at 'undəˌs̪tryka]

regras (f pl)	regler (pl)	['rɛglʲər]
gramática (f)	grammatik (en)	[grama'tik]
léxico (m)	ordförråd (ett)	['ʊːɖfœːˌroːd]
fonética (f)	fonetik (en)	[fone'tik]
alfabeto (m)	alfabet (ett)	['alʲfabet]

manual (m) escolar	lärobok (en)	['lʲæːrʊˌbʊk]
dicionário (m)	ordbok (en)	['ʊːd̪ˌbʊk]
guia (m) de conversação	parlör (en)	[paːˈlʲø̞ːr]

palavra (f)	ord (ett)	['ʊːd̪]
sentido (m)	betydelse (en)	[be'tydəlʲsə]
memória (f)	minne (ett)	['minə]

18. A Terra. Geografia

Terra (f)	Jorden	['jʊːd̪ən]
globo terrestre (Terra)	jordklot (ett)	['jʊːd̪ˌklʲʊt]
planeta (m)	planet (en)	[plʲa'net]

geografia (f)	geografi (en)	[jeʊgra'fiː]
natureza (f)	natur (en)	[na'tʉːr]
mapa (m)	karta (en)	['kaːʈa]
atlas (m)	atlas (en)	['atlʲas]

no norte	i norr	[i 'nɔr]
no sul	i söder	[i 'søːdər]
no oeste	i väst	[i vɛst]
no leste	i öst	[i 'œst]

mar (m)	hav (ett)	['hav]
oceano (m)	ocean (en)	[ʊsə'an]
golfo (m)	bukt (en)	['bukt]
estreito (m)	sund (ett)	['sund]

continente (m)	fastland (ett), kontinent (en)	['fastˌlʲand], [kɔnti'nɛnt]
ilha (f)	ö (en)	['øː]
península (f)	halvö (en)	['halʲvˌøː]

arquipélago (m)	skärgård, arkipelag (en)	['ɧæːrˌgoːd], [arkipe'lʲag]
porto (m)	hamn (en)	['hamn]
recife (m) de coral	korallrev (ett)	[kɔ'ralʲˌrev]
litoral (m)	kust (en)	['kust]
costa (f)	kust (en)	['kust]
maré (f) alta	flod (en)	['flʲud]
maré (f) baixa	ebb (en)	['ɛb]
latitude (f)	latitud (en)	[lʲati'tʉːd]
longitude (f)	longitud (en)	[lʲɔŋi'tʉːd]
paralela (f)	breddgrad (en)	['brɛdˌgrad]
equador (m)	ekvator (en)	[ɛ'kvatʊr]
céu (m)	himmel (en)	['himəlʲ]
horizonte (m)	horisont (en)	[hʊri'sɔnt]
atmosfera (f)	atmosfär (en)	[atmʊ'sfæːr]
montanha (f)	berg (ett)	['bɛrj]
cume (m)	topp (en)	['tɔp]
falésia (f)	klippa (en)	['klipa]
colina (f)	kulle, backe (en)	['kulʲə], ['bakə]
vulcão (m)	vulkan (en)	[vulʲ'kan]
glaciar (m)	glaciär, jökel (en)	[glʲas'jæːr], ['jøːkəlʲ]
queda (f) d'água	vattenfall (ett)	['vatənˌfalʲ]
planície (f)	slätt (en)	['slʲæt]
rio (m)	älv, flod (en)	['ɛlʲv], ['flʲud]
fonte, nascente (f)	källa (en)	['ɕɛlʲa]
margem (do rio)	strand (en)	['strand]
rio abaixo	nedströms	['nɛdˌstrœms]
rio acima	motströms	['mʊtˌstrœms]
lago (m)	sjö (en)	['ɧøː]
barragem (f)	damm (en)	['dam]
canal (m)	kanal (en)	[ka'nalʲ]
pântano (m)	myr, mosse (en)	['myr], ['mʊsə]
gelo (m)	is (en)	['is]

19. Países do Mundo. Parte 1

Europa (f)	Europa	[eu'rʊpa]
União (f) Europeia	Europeiska unionen	[eurʊ'peiska un'jʊnən]
europeu (m)	europé (en)	[eurʊ'peː]
europeu	europeisk	[eurʊ'peisk]
Áustria (f)	Österrike	['œstɛˌrikə]
Grã-Bretanha (f)	Storbritannien	['stʊrˌbri'taniən]
Inglaterra (f)	England	['ɛŋlʲand]

| Bélgica (f) | Belgien | ['bɛlʲgiən] |
| Alemanha (f) | Tyskland | ['tʏsklʲand] |

Países (m pl) Baixos	Nederländerna	['nedɛːˌlʲɛndɛːɳa]
Holanda (f)	Holland	['hɔlʲand]
Grécia (f)	Grekland	['greklʲand]
Dinamarca (f)	Danmark	['daŋmark]
Irlanda (f)	Irland	['ilʲand]

Islândia (f)	Island	['islʲand]
Espanha (f)	Spanien	['spaniən]
Itália (f)	Italien	[i'taliən]
Chipre (m)	Cypern	['sypɛːɳ]
Malta (f)	Malta	['malʲta]

Noruega (f)	Norge	['nɔrjə]
Portugal (m)	Portugal	['pɔːtugalʲ]
Finlândia (f)	Finland	['finlʲand]
França (f)	Frankrike	['fraŋkrikə]
Suécia (f)	Sverige	['svɛrijə]

Suíça (f)	Schweiz	['ʃvɛjts]
Escócia (f)	Skottland	['skɔtlʲand]
Vaticano (m)	Vatikanstaten	[vati'kanˌstatən]
Liechtenstein (m)	Liechtenstein	['lihtənstajn]
Luxemburgo (m)	Luxemburg	['lʉksəmˌburj]

Mónaco (m)	Monaco	['mɔnakɔ]
Albânia (f)	Albanien	[alʲ'baniən]
Bulgária (f)	Bulgarien	[bʉlʲ'gariən]
Hungria (f)	Ungern	['uŋɛːɳ]
Letónia (f)	Lettland	['lʲetlʲand]

Lituânia (f)	Litauen	[li'tauən]
Polónia (f)	Polen	['pɔlʲen]
Roménia (f)	Rumänien	[rʉ'mɛːniən]
Sérvia (f)	Serbien	['sɛrbiən]
Eslováquia (f)	Slovakien	[slʲo'vakiən]

Croácia (f)	Kroatien	[krʊ'atiən]
República (f) Checa	Tjeckien	['ɕɛkiən]
Estónia (f)	Estland	['ɛstlʲand]

| Bósnia e Herzegovina (f) | Bosnien-Hercegovina | ['bɔsniən hɛrsəgɔ'vina] |
| Macedónia (f) | Makedonien | [make'dʊniən] |

Eslovénia (f)	Slovenien	[slʲo'veniən]
Montenegro (m)	Montenegro	['mɔntəˌnɛgrʊ]
Bielorrússia (f)	Vitryssland	['vitˌrʏslʲand]
Moldávia (f)	Moldavien	[mʊlʲ'daviən]
Rússia (f)	Ryssland	['rʏslʲand]
Ucrânia (f)	Ukraina	[u'krajna]

20. Países do Mundo. Parte 2

Ásia (f)	Asien	['asiən]
Vietname (m)	Vietnam	['vjɛtnam]
Índia (f)	Indien	['indiən]
Israel (m)	Israel	['israəlʲ]
China (f)	Kina	['ɕina]

Líbano (m)	Libanon	['libanɔn]
Mongólia (f)	Mongoliet	[mʊngʊ'liet]
Malásia (f)	Malaysia	[ma'lʲajsia]
Paquistão (m)	Pakistan	['paki,stan]
Arábia (f) Saudita	Saudiarabien	['saudi a'rabiən]

Tailândia (f)	Thailand	['tajlʲand]
Taiwan (m)	Taiwan	[taj'van]
Turquia (f)	Turkiet	[turkiet]
Japão (m)	Japan	['japan]
Afeganistão (m)	Afghanistan	[af'gani,stan]

Bangladesh (m)	Bangladesh	[banglʲa'dɛʃ]
Indonésia (f)	Indonesien	[indʊ'nesiən]
Jordânia (f)	Jordanien	[jʊ:'ɖaniən]
Iraque (m)	Irak	[i'rak]
Irão (m)	Iran	[i'ran]

Camboja (f)	Kambodja	[kam'bɔdja]
Kuwait (m)	Kuwait	[kʉ'vajt]
Laos (m)	Laos	['lʲaɔs]
Mianmar, Birmânia	Myanmar	['mjanmar]
Nepal (m)	Nepal	[ne'palʲ]

Emirados Árabes Unidos	Förenade arabrepubliken	[fø'renadə a'rab repub'likən]
Síria (f)	Syrien	['syriən]
Palestina (f)	Palestina	[palʲe'stina]
Coreia do Sul (f)	Sydkorea	['syd,kʊ'rea]
Coreia do Norte (f)	Nordkorea	['nʊ:ɖ kʊ'rea]

Estados Unidos da América	Amerikas Förenta Stater	[a'mɛrikas fø'rɛnta 'statər]
Canadá (m)	Kanada	['kanada]
México (m)	Mexiko	['mɛksikɔ]
Argentina (f)	Argentina	[argɛn'tina]
Brasil (m)	Brasilien	[bra'siliən]

Colômbia (f)	Colombia	[kɔ'lʲʊmbia]
Cuba (f)	Kuba	['kʉ:ba]
Chile (m)	Chile	['ɕi:lʲe]
Venezuela (f)	Venezuela	[venesu'ɛlʲa]
Equador (m)	Ecuador	[ɛkva'dʊr]

Bahamas (f pl)	Bahamas	[ba'hamas]
Panamá (m)	Panama	['panama]
Egito (m)	Egypten	[e'jyptən]
Marrocos	Marocko	[ma'rɔkʊ]
Tunísia (f)	Tunisien	[tʉ'nisiən]

Quénia (f)	Kenya	['kenja]
Líbia (f)	Libyen	['libiən]
África do Sul (f)	Republiken Sydafrika	[repu'bliken 'syd͵afrika]
Austrália (f)	Australien	[au'straliən]
Nova Zelândia (f)	Nya Zeeland	['nya 'se:lʲand]

21. Tempo. Catástrofes naturais

tempo (m)	väder (ett)	['vɛ:dər]
previsão (f) do tempo	väderprognos (en)	['vɛ:dər͵prɔg'nɔ:s]
temperatura (f)	temperatur (en)	[tɛmpəra'tʉ:r]
termómetro (m)	termometer (en)	[tɛrmʊ'metər]
barómetro (m)	barometer (en)	[barʊ'metər]

sol (m)	sol (en)	['sʊlʲ]
brilhar (vi)	att skina	[at 'ɧina]
de sol, ensolarado	solig	['sʊlig]
nascer (vi)	att gå upp	[at 'go: 'up]
pôr-se (vp)	att gå ner	[at 'go: ͵ner]

chuva (f)	regn (ett)	['rɛgn]
está a chover	det regnar	[dɛ 'rɛgnar]
chuva (f) torrencial	hällande regn (ett)	['hɛlʲande 'rɛgn]
nuvem (f) negra	regnmoln (ett)	['rɛgn͵mɔlʲn]
poça (f)	pöl, vattenpuss (en)	['pø:lʲ], ['vatən͵pus]
molhar-se (vp)	att bli våt	[at bli 'vo:t]

trovoada (f)	åskväder (ett)	['ɔsk͵vɛdər]
relâmpago (m)	blixt (en)	['blikst]
relampejar (vi)	att blixtra	[at 'blikstra]
trovão (m)	åska (en)	['ɔska]
está a trovejar	det åskar	[dɛ 'ɔskar]
granizo (m)	hagel (ett)	['hagəlʲ]
está a cair granizo	det haglar	[dɛ 'haglʲar]

calor (m)	hetta (en)	['hɛta]
está muito calor	det är hett	[dɛ æ:r 'hɛt]
está calor	det är varmt	[dɛ æ:r varmt]
está frio	det är kallt	[dɛ æ:r 'kalʲt]

nevoeiro (m)	dimma (en)	['dima]
de nevoeiro	dimmig	['dimig]
nuvem (f)	moln (ett), sky (en)	['mɔlʲn], ['ɧy]
nublado	molnig	['mɔlʲnig]

humidade (f)	fuktighet (en)	['fu:ktiɡˌhet]
neve (f)	snö (en)	['snø:]
está a nevar	det snöar	[dɛ 'snø:ar]
gelo (m)	frost (en)	['frɔst]
abaixo de zero	under noll	['undə ˌnɔlʲ]
geada (f) branca	rimfrost (en)	['rimˌfrɔst]

mau tempo (m)	oväder (ett)	[ʊ'vɛ:dər]
catástrofe (f)	katastrof (en)	[kata'strɔf]
inundação (f)	översvämning (en)	['ø:vəˌsvɛmniŋ]
avalanche (f)	lavin (en)	[lʲa'vin]
terremoto (m)	jordskalv (ett)	['jʊːdˌskalv]

abalo, tremor (m)	skalv (ett)	['skalʲv]
epicentro (m)	epicentrum (ett)	[ɛpi'sɛntrum]
erupção (f)	utbrott (ett)	['ʉtˌbrɔt]
lava (f)	lava (en)	['lʲava]

tornado (m)	tornado (en)	[tʊ'ɳadʊ]
turbilhão (m)	tromb (en)	['trɔmb]
furacão (m)	orkan (en)	[ɔr'kan]
tsunami (m)	tsunami (en)	[tsu'nami]
ciclone (m)	cyklon (en)	[tsʏ'klʲɔn]

22. Animais. Parte 1

| animal (m) | djur (ett) | ['jʉːr] |
| predador (m) | rovdjur (ett) | ['rʊvˌjʉːr] |

tigre (m)	tiger (en)	['tigər]
leão (m)	lejon (ett)	['lʲejon]
lobo (m)	ulv (en)	['ulʲv]
raposa (f)	räv (en)	['rɛːv]
jaguar (m)	jaguar (en)	[jaguar]

lince (m)	lodjur (ett), lo (en)	['lʲʊˌjʉːr], ['lʲʊ]
coiote (m)	koyot, prärievarg (en)	[kɔ'jut], ['præ:rieˌvarj]
chacal (m)	sjakal (en)	[ɧa'kalʲ]
hiena (f)	hyena (en)	[hy'ena]

esquilo (m)	ekorre (en)	['ɛkɔrə]
ouriço (m)	igelkott (en)	['igəlʲˌkɔt]
coelho (m)	kanin (en)	[ka'nin]
guaxinim (m)	tvättbjörn (en)	['tvætˌbjø:ɳ]

hamster (m)	hamster (en)	['hamstər]
toupeira (f)	mullvad (en)	['mulʲˌvad]
rato (m)	mus (en)	['mʉːs]
ratazana (f)	råtta (en)	['rɔta]
morcego (m)	fladdermus (en)	['flʲadərˌmʉːs]

castor (m)	bäver (en)	['bɛ:vər]
cavalo (m)	häst (en)	['hɛst]
veado (m)	hjort (en)	['jʊ:t]
camelo (m)	kamel (en)	[ka'melʲ]
zebra (f)	sebra (en)	['sebra]
baleia (f)	val (en)	['valʲ]
foca (f)	säl (en)	['sɛ:lʲ]
morsa (f)	valross (en)	['valʲˌrɔs]
golfinho (m)	delfin (en)	[dɛlʲ'fin]
urso (m)	björn (en)	['bjø:ŋ]
macaco (em geral)	apa (en)	['apa]
elefante (m)	elefant (en)	[ɛlʲe'fant]
rinoceronte (m)	noshörning (en)	['nʊsˌhø:ŋiŋ]
girafa (f)	giraff (en)	[ɧi'raf]
hipopótamo (m)	flodhäst (en)	['flʲʊdˌhɛst]
canguru (m)	känguru (en)	['ɕɛngurʊ]
gata (f)	katt (en)	['kat]
cão (m)	hund (en)	['hund]
vaca (f)	ko (en)	['kɔ:]
touro (m)	tjur (en)	['ɕʉ:r]
ovelha (f)	får (ett)	['fo:r]
cabra (f)	get (en)	['jet]
burro (m)	åsna (en)	['ɔsna]
porco (m)	svin (ett)	['svin]
galinha (f)	höna (en)	['hø:na]
galo (m)	tupp (en)	['tup]
pato (m), pata (f)	anka (en)	['aŋka]
ganso (m)	gås (en)	['go:s]
perua (f)	kalkonhöna (en)	[kalʲ'kʊnˌhø:na]
cão pastor (m)	vallhund (en)	['valʲˌhund]

23. Animais. Parte 2

pássaro, ave (m)	fågel (en)	['fo:gəlʲ]
pombo (m)	duva (en)	['dʉ:va]
pardal (m)	sparv (en)	['sparv]
chapim-real (m)	talgoxe (en)	['taljʊksə]
pega-rabuda (f)	skata (en)	['skata]
águia (f)	örn (en)	['ø:ŋ]
açor (m)	hök (en)	['hø:k]
falcão (m)	falk (en)	['falʲk]
cisne (m)	svan (en)	['svan]
grou (m)	trana (en)	['trana]

cegonha (f)	stork (en)	['stɔrk]
papagaio (m)	papegoja (en)	[pape'gɔja]
pavão (m)	påfågel (en)	['poːˌfoːgəlʲ]
avestruz (f)	struts (en)	['struts]

garça (f)	häger (en)	['hɛːgər]
rouxinol (m)	näktergal (en)	['nɛktəˌgalʲ]
andorinha (f)	svala (en)	['svalʲa]
pica-pau (m)	hackspett (en)	['hakˌspet]
cuco (m)	gök (en)	['jøːk]
coruja (f)	uggla (en)	['uglʲa]

pinguim (m)	pingvin (en)	[piŋ'vin]
atum (m)	tonfisk (en)	['tʊnˌfisk]
truta (f)	öring (en)	['øːriŋ]
enguia (f)	ål (en)	['oːlʲ]
tubarão (m)	haj (en)	['haj]
caranguejo (m)	krabba (en)	['kraba]
medusa, alforreca (f)	manet, medusa (en)	[ma'net], [me'dʉsa]
polvo (m)	bläckfisk (en)	['blʲɛkˌfisk]

estrela-do-mar (f)	sjöstjärna (en)	['ɧøːˌɧæːɳa]
ouriço-do-mar (m)	sjöpiggsvin (ett)	['ɧøːˌpigsvin]
cavalo-marinho (m)	sjöhäst (en)	['ɧøːˌhɛst]
camarão (m)	räka (en)	['rɛːka]

serpente, cobra (f)	orm (en)	['ʊrm]
víbora (f)	huggorm (en)	['hʉgˌʊrm]
lagarto (m)	ödla (en)	['ødlʲa]
iguana (f)	iguana (en)	[igu'ana]
camaleão (m)	kameleont (en)	[kamelʲe'ɔnt]
escorpião (m)	skorpion (en)	[skɔrpi'ʊn]
tartaruga (f)	sköldpadda (en)	['ɧœlʲdˌpada]
rã (f)	groda (en)	['grʊda]
crocodilo (m)	krokodil (en)	[krɔkɔ'dilʲ]

inseto (m)	insekt (en)	['insɛkt]
borboleta (f)	fjäril (en)	['fʲæːrilʲ]
formiga (f)	myra (en)	['myra]
mosca (f)	fluga (en)	['flʉːga]

mosquito (m)	mygga (en)	['mʏga]
escaravelho (m)	skalbagge (en)	['skalʲˌbagə]
abelha (f)	bi (ett)	['bi]
aranha (f)	spindel (en)	['spindəlʲ]

24. Árvores. Plantas

| árvore (f) | träd (ett) | ['trɛːd] |
| bétula (f) | björk (en) | ['bjœrk] |

carvalho (m)	ek (en)	['ɛk]
tília (f)	lind (en)	['lind]
choupo-tremedor (m)	asp (en)	['asp]
bordo (m)	lönn (en)	['lʲøn]
espruce-europeu (m)	gran (en)	['gran]
pinheiro (m)	tall (en)	['talʲ]
cedro (m)	ceder (en)	['sedər]
choupo, álamo (m)	poppel (en)	['pɔpəlʲ]
tramazeira (f)	rönn (en)	['rœn]
faia (f)	bok (en)	['bʊk]
ulmeiro (m)	alm (en)	['alʲm]
freixo (m)	ask (en)	['ask]
castanheiro (m)	kastanjeträd (ett)	[ka'stanjə,trɛd]
palmeira (f)	palm (en)	['palʲm]
arbusto (m)	buske (en)	['buskə]
cogumelo (m)	svamp (en)	['svamp]
cogumelo (m) venenoso	giftig svamp (en)	['jiftig ,svamp]
cepe-de-bordéus (m)	stensopp (en)	['sten,sɔp]
rússula (f)	kremla (en)	['krɛmlʲa]
agário-das-moscas (m)	flugsvamp (en)	['flʉːg,svamp]
cicuta (f) verde	lömsk flugsvamp (en)	['lʲømsk 'flʉːg,svamp]
flor (f)	blomma (en)	['blʲʊma]
ramo (m) de flores	bukett (en)	[bʉ'kɛt]
rosa (f)	ros (en)	['rʊs]
tulipa (f)	tulpan (en)	[tulʲ'pan]
cravo (m)	nejlika (en)	['nɛjlika]
camomila (f)	kamomill (en)	[kamo'milʲ]
cato (m)	kaktus (en)	['kaktus]
lírio-do-vale (m)	liljekonvalje (en)	['lilje kʉn 'valjə]
campânula-branca (f)	snödropp (en)	['snøːˌdrɔp]
nenúfar (m)	näckros (en)	['nɛkrʊs]
estufa (f)	drivhus (ett)	['driv,hʉs]
relvado (m)	gräsplan, gräsmatta (en)	['grɛsˌplan], ['grɛsˌmata]
canteiro (m) de flores	blomsterrabatt (en)	['blʲɔmstər,rabat]
planta (f)	växt (en)	['vɛkst]
erva (f)	gräs (ett)	['grɛːs]
folha (f)	löv (ett)	['lʲøːv]
pétala (f)	kronblad (ett)	['krɔnˌblʲad]
talo (m)	stjälk (en)	['ɧɛlʲk]
broto, rebento (m)	ung planta (en)	['uŋ 'planta]
cereais (plantas)	spannmål (ett)	['spanˌmoːlʲ]
trigo (m)	vete (ett)	['vetə]
centeio (m)	råg (en)	['roːg]

aveia (f)	havre (en)	['havrə]
milho-miúdo (m)	hirs (en)	['hyʂ]
cevada (f)	korn (ett)	['kʊːŋ]
milho (m)	majs (en)	['majs]
arroz (m)	ris (ett)	['ris]

25. Várias palavras úteis

ajuda (f)	hjälp (en)	['jɛlˈp]
base (f)	bas (en)	['bas]
categoria (f)	kategori (en)	[kategoˈriː]
coincidência (f)	sammanfall (ett)	['samˌanfalʲ]

começo (m)	början (en)	['bœrjan]
comparação (f)	jämförelse (en)	['jɛmˌførəlˈsə]
desenvolvimento (m)	utveckling (en)	['ʉtˌvɛkliŋ]
diferença (f)	skillnad (en)	['fjilʲnad]

efeito (m)	effekt (en)	[ɛˈfɛkt]
elemento (m)	element (ett)	[ɛlʲeˈmɛnt]
equilíbrio (m)	balans (en)	[baˈlʲans]
erro (m)	fel (ett)	['felʲ]

esforço (m)	ansträngning (en)	['anˌstrɛŋniŋ]
estilo (m)	stil (en)	['stilʲ]
exemplo (m)	exempel (ett)	[ɛkˈsɛmpəlʲ]
facto (m)	faktum (ett)	['faktum]

forma (f)	form (en)	['fɔrm]
género (tipo)	slag (ett), sort (en)	['slʲag], ['sɔːt]
grau (m)	grad (en)	['grad]
ideal	ideal (ett)	[ideˈalʲ]

mistério (m)	hemlighet (en)	['hɛmligˌhet]
modo (m)	sätt (ett)	['sæt]
momento (m)	moment (ett)	[mʊˈmɛnt]
obstáculo (m)	hinder (ett)	['hindər]

padrão	standard-	['standaːɖ-]
paragem (pausa)	uppehåll (ett), vila (en)	['upəˈhoːlʲ], ['vilʲa]
parte (f)	del (en)	['delʲ]
pausa (f)	paus (en)	['paus]
posição (f)	position (en)	[pʊsiˈfjʊn]

problema (m)	problem (ett)	[prɔˈblʲem]
processo (m)	process (en)	[prʊˈsɛs]
progresso (m)	framsteg (ett)	['framˌsteg]
propriedade (f)	egenskap (en)	['ɛgɛnˌskap]
reação (f)	reaktion (en)	[reakˈfjʊn]
risco (m)	risk (en)	['risk]

| ritmo (m) | tempo (ett) | ['tɛmpʊ] |
| série (f) | serie (en) | ['serɪə] |

sistema (m)	system (ett)	[sʏ'stem]
situação (f)	situation (en)	[sitɵa'ʃʊn]
solução (f)	lösning (en)	['lʲœsnɪŋ]
tabela (f)	tabell (en)	[ta'bɛlʲ]

termo (ex. ~ técnico)	term (en)	['tɛrm]
urgente	brådskande	['brɔˌskandə]
utilidade (f)	nytta (en)	['nʏta]
variante (f)	variant (en)	[vari'ant]

variedade (f)	val (ett)	['valʲ]
verdade (f)	sanning (en)	['sanɪŋ]
vez (f)	tur (en)	['tʉːr]
zona (f)	zon (en)	['sʊn]

26. Modificadores. Adjetivos. Parte 1

aberto	öppen	['øpən]
afiado	skarp	['skarp]
alto (ex. voz ~a)	hög	['høːg]
amargo	bitter	['bitər]
amplo	rymlig	['rʏmlig]

antigo	forntida, antikens	['fʊːnˌtida], [an'tikəns]
arriscado	riskabel	[ris'kabəlʲ]
artificial	konstgjord	['kɔnstˌjʉːd]
azedo	syr	['syr]

baixo (voz ~a)	låg, lågmäld	['lʲoːg], ['lʲoːgmɛlʲd]
bonito	vacker	['vakər]
bronzeado	solbränd	['sʊlʲˌbrɛnd]
burro, estúpido	dum	['dum]

cego	blind	['blind]
central	central	[sɛn'tralʲ]
cheio (ex. copo ~)	full	['fulʲ]
clandestino	hemlig	['hɛmlig]

compatível	förenlig	[fø'rɛnlig]
comum, normal	vanlig	['vanlig]
congelado	fryst	['frʏst]
contente	nöjd, tillfreds	['nœjd], ['tilʲfrɛds]

contínuo	långvarig	['lʲɔŋˌvarig]
contrário (ex. o efeito ~)	motsatt	['mʊtˌsat]
cru (não cozinhado)	rå	['roː]
curto	kort	['kɔːt]

denso (fumo, etc.)	**tät**	['tɛt]
difícil	**svår**	['svoːr]
direito	**höger**	['høːgər]
doce (açucarado)	**söt**	['søːt]
doce (água)	**söt-, färsk-**	['søːt-], ['fæːʂk-]
doente	**sjuk**	['ɧʉːk]

duro (material ~)	**hård**	['hoːɖ]
educado	**hövlig, artig**	['hœvlig], ['aːʈig]
enigmático	**mystisk**	['mystisk]
enorme	**enorm**	[ɛ'nɔrm]
especial	**speciell**	[spesi'ɛlʲ]

esquerdo	**vänster**	['vɛnstər]
estreito	**smal**	['smalʲ]
exato	**precis, exakt**	[prɛ'sis], [ɛk'sakt]
excelente	**utmärkt**	['ʉtˌmæːrkt]

excessivo	**överdriven**	['øːvəˌdrivən]
externo	**yttre**	['ytrə]
fácil	**lätt, enkel**	['lʲæt], ['ɛŋkəlʲ]
feliz	**lycklig**	['lʲyklig]
fértil (terreno ~)	**fruktbar**	['frʉktˌbar]

forte (pessoa ~)	**stark**	['stark]
frágil	**skör, bräcklig**	['ɧøːr], ['brɛklig]
gostoso	**läcker**	['lʲɛkər]
grande	**stor**	['stʊr]
gratuito, grátis	**gratis**	['gratis]

27. Modificadores. Adjetivos. Parte 2

imóvel	**orörlig**	[ʊ'røːlʲig]
importante	**viktig**	['viktig]
infantil	**barnslig**	['baːɳʂlig]
inteligente	**klok**	['klʲʊk]
interno	**inre**	['inrə]

legal	**laglig**	['lʲaglig]
leve	**lätt**	['lʲæt]
limpo	**ren**	['ren]
líquido	**flytande**	['flʲytandə]
liso	**glatt**	['glʲat]

longo (ex. cabelos ~s)	**lång**	['lʲɔn]
maduro (ex. fruto ~)	**mogen**	['mʊgən]
mate, baço	**matt**	['mat]
mau	**dålig**	['doːlig]
mole	**mjuk**	['mjʉːk]
morto	**död**	['døːd]

não difícil	lätt	['lʲæt]
não é clara	oklar	[ʊ:'klʲar]
natal (país ~)	hem-, födelse-	['hɛm-], ['fødəlʲsə-]
negativo	negativ	['nega͵tiv]

normal	normal	[nɔr'malʲ]
novo	ny	['ny]
obrigatório	obligatorisk	[ɔbliga'tʊrisk]
original	original	[ɔrigi'nalʲ]
passado	förra	['fœ:ra]

pequeno	liten, små	['litən], ['smo:]
perigoso	farlig	['fa:lʲig]
pessoal	personlig	[pɛ'sʊnlig]
pobre	fattig	['fatig]
possível	möjlig	['mœjlig]

pouco fundo	grund	['grʉnd]
primeiro (principal)	huvud-	['hʉ:vʉd-]
principal	huvud-	['hʉ:vʉd-]
provável	sannolik	[sanʊ'lik]
rápido	snabb	['snab]

raro	sällsynt	['sɛlʲsʏnt]
reto	rak, rakt	['rak], ['rakt]
seguinte	nästa	['nɛsta]
similar	lik	['lik]
soberbo	utmärkt	['ʉt͵mæ:rkt]

social	offentlig	[ɔ'fɛntlig]
sólido	solid, hållbar	[sɔ'lid], ['ho:lʲ͵bar]
sujo	smutsig	['smutsig]
suplementar	ytterligare	['ytə͵ligarə]

triste (um ar ~)	trist	['trist]
último	sista	['sista]
usado	begagnad, secondhand	['be͵gagnad], ['sekond͵hɛnd]
vazio (meio ~)	tom	['tɔm]
velho	gammal	['gamalʲ]

28. Verbos. Parte 1

abrir (vt)	att öppna	[at 'øpna]
acabar, terminar (vt)	att sluta	[at 'slʉ:ta]
acusar (vt)	att anklaga	[at 'aŋ͵klʲaga]
agradecer (vt)	att tacka	[at 'taka]
ajudar (vt)	att hjälpa	[at 'jɛlʲpa]
almoçar (vi)	att äta lunch	[at ɛ:ta ͵lʉnɕ]
alugar (~ um apartamento)	att hyra	[at 'hyra]

amar (vt)	att älska	[at 'ɛlʲska]
anular, cancelar (vt)	att inställa, att annullera	[at in'stɛlʲa], [at anɵ'lʲera]
anunciar (vt)	att meddela	[at 'meˌdelʲa]
apagar, eliminar (vt)	att ta bort, att radera	[at ta 'bɔːt], [at ra'dera]
apanhar (vt)	att fånga	[at 'fɔŋa]
arrumar, limpar (vt)	att städa	[at 'stɛda]
assinar (vt)	att underteckna	[at 'undəˌtɛkna]
atirar, disparar (vi)	att skjuta	[at 'ɧɵːta]
bater (espancar)	att slå	[at 'slʲoː]
bater-se (vp)	att slåss	[at 'slʲɔs]
beber, tomar (vt)	att dricka	[at 'drika]
brincar (vi)	att skämta, att skoja	[at 'ɧɛmta], [at 'skɔja]
brincar, jogar (crianças)	att leka	[at 'lʲeka]
caçar (vi)	att jaga	[at 'jaga]
cair (vi)	att falla	[at 'falʲa]
cantar (vi)	att sjunga	[at 'ɧuːŋa]
cavar (vt)	att gräva	[at 'grɛːva]
cessar (vt)	att sluta	[at 'slɵːta]
chegar (vi)	att ankomma	[at 'aŋˌkɔma]
chorar (vi)	att gråta	[at 'groːta]
começar (vt)	att begynna	[at be'jina]
comer (vt)	att äta	[at 'ɛːta]
comparar (vt)	att jämföra	[at 'jɛmˌføra]
comprar (vt)	att köpa	[at 'ɕøːpa]
compreender (vt)	att förstå	[at fœ:'ʂtoː]
confiar (vt)	att lita på	[at 'lita pɔ]
confirmar (vt)	att bekräfta	[at be'krɛfta]
conhecer (vt)	att känna	[at 'ɕɛna]
construir (vt)	att bygga	[at 'bɤga]
contar (fazer contas)	att räkna	[at 'rɛkna]
contar (vt)	att berätta	[at be'rɛta]
contar com (esperar)	att räkna med ...	[at 'rɛkna me ...]
convidar (vt)	att inbjuda, att invitera	[at in'bjɵːda], [at invi'tera]
copiar (vt)	att kopiera	[at kɔ'pjera]
correr (vi)	att löpa, att springa	[at 'lʲøːpa], [at 'spriŋa]
crer (vt)	att tro	[at 'trʊ]
criar (vt)	att skapa	[at 'skapa]
custar (vt)	att kosta	[at 'kɔsta]

29. Verbos. Parte 2

dançar (vi)	att dansa	[at 'dansa]
dar (vt)	att ge	[at je:]
decidir (vt)	att besluta	[at be'slɵːta]

| deixar cair (vt) | att tappa | [at 'tapa] |
| depender de … (vi) | att bero på … | [at be'rʊ pɔ …] |

desaparecer (vi)	att försvinna	[at fœ:'ʂvina]
desculpar (vt)	att ursäkta	[at 'ʉ:ˌsɛkta]
desculpar-se (vp)	att ursäkta sig	[at 'ʉ:ˌsɛkta sɛj]
desligar (vt)	att slå av	[at 'slʲo: 'av]
desprezar (vt)	att förakta	[at fø'rakta]

discutir (notícias, etc.)	att diskutera	[at diskʉ'tera]
divorciar-se (vp)	att skilja sig	[at 'ɧilja sɛj]
dizer (vt)	att säga	[at 'sɛ:ja]
duvidar (vt)	att tvivla	[at 'tvivlʲa]
encontrar (achar)	att finna	[at 'fina]

encontrar-se (vp)	att mötas	[at 'mø:tas]
enganar (vt)	att fuska	[at 'fʉska]
enviar (uma carta)	att skicka	[at 'ɧika]
errar (equivocar-se)	att göra fel	[at 'jø:ra ˌfelʲ]
escolher (vt)	att välja	[at 'vɛlja]

esconder (vt)	att gömma	[at 'jœma]
escrever (vt)	att skriva	[at 'skriva]
esperar (o autocarro, etc.)	att vänta	[at 'vɛnta]
esperar (ter esperança)	att hoppas	[at 'hɔpas]
esquecer (vi, vt)	att glömma	[at 'glʲœma]

estar ausente	att vara frånvarande	[at 'vara 'fro:nˌvarandə]
estar com pressa	att skynda sig	[at 'ɧʏnda sɛj]
estar com pressa	att skynda sig	[at 'ɧʏnda sɛj]
estar de acordo	att samtycka	[at 'samˌtʏka]
estudar (vt)	att studera	[at stu'dera]

exigir (vt)	att kräva	[at 'krɛ:va]
existir (vi)	att existera	[at ɛksi'stera]
explicar (vt)	att förklara	[at før'klʲara]
falar (vi)	att tala	[at 'talʲa]
falar com …	att tala med …	[at 'talʲa me …]

faltar (clases, etc.)	att missa	[at 'misa]
fazer (vt)	att göra	[at 'jø:ra]
fazer, preparar (vt)	att laga	[at 'lʲaga]
fechar (vt)	att stänga	[at 'stɛŋa]
felicitar (vt)	att gratulera	[at gratʉ'lʲera]

ficar cansado	att bli trött	[at bli 'trœt]
gostar (apreciar)	att gilla	[at 'jilʲa]
gritar (vi)	att skrika	[at 'skrika]
guardar (cartas, etc.)	att behålla	[at be'ho:lʲa]
insistir (vi)	att insistera	[at insi'stera]
insultar (vt)	att förolämpa	[at 'førʊˌlʲɛmpa]
ir (a pé)	att gå	[at 'go:]

jantar (vi)	att äta kvällsmat	[at 'ɛ:ta 'kvɛlⁱsˌmat]
ler (vt)	att läsa	[at 'lⁱɛ:sa]
ligar (vt)	att slå på	[at 'slⁱo: pɔ]

30. Verbos. Parte 3

matar (vt)	att döda, att mörda	[at 'dø:da], [at 'mø:ɖa]
mergulhar (vi)	att dyka	[at 'dyka]
morrer (vi)	att dö	[at 'dø:]
mostrar (vt)	att visa	[at 'visa]
mudar (modificar)	att ändra	[at 'ɛndra]

nadar (vi)	att simma	[at 'sima]
nascer (vi)	att födas	[at 'fø:das]
negar (vt)	att förneka	[at fœ:'ŋeka]
obedecer (vt)	att underordna sig	[at 'undərˌɔːɖna sɛj]
odiar (vt)	att hata	[at 'hata]

olhar para ...	att titta	[at 'tita]
ouvir (vt)	att höra	[at 'hø:ra]
pagar (vt)	att betala	[at be'talⁱa]
participar (vi)	att delta	[at 'dɛlⁱta]
pegar (tomar)	att ta	[at ta]

pensar (vt)	att tänka	[at 'tɛŋka]
perder (o guarda-chuva, etc.)	att mista	[at 'mista]
perdoar (vt)	att förlåta	[at 'fœ:ˌlⁱo:ta]
perguntar (vt)	att fråga	[at 'fro:ga]
permitir (vt)	att tillåta	[at 'tilⁱo:ta]

pertencer (vt)	att tillhöra ...	[at 'tilⁱˌhø:ra ...]
perturbar (vt)	att störa	[at 'stø:ra]
poder (v aux)	att kunna	[at 'kuna]
poder (v aux)	att kunna	[at 'kuna]
prever (vt)	att förutse	[at 'førʉtˌsə]

proibir (vt)	att förbjuda	[at før'bjʉ:da]
prometer (vt)	att lova	[at 'lⁱova]
propor (vt)	att föreslå	[at 'førəˌslⁱo:]
provar (vt)	att bevisa	[at be'visa]
quebrar (vt)	att bryta	[at 'bryta]

queixar-se (vp)	att klaga	[at 'klⁱaga]
querer (desejar)	att vilja	[at 'vilja]
receber (vt)	att ta emot	[at ta ɛmo:t]
repetir (dizer outra vez)	att upprepa	[at 'uprepa]
reservar (~ um quarto)	att reservera	[at resɛr'vera]
responder (vt)	att svara	[at 'svara]
rezar, orar (vi)	att be	[at 'be:]

roubar (vt)	**att stjäla**	[at 'ɧɛːlʲa]
saber (vt)	**att veta**	[at 'veta]
salvar (vt)	**att rädda**	[at 'rɛda]
secar (vt)	**att torka**	[at 'tɔrka]
sentar-se (vp)	**att sätta sig**	[at 'sæta sɛj]
sorrir (vi)	**att småle**	[at 'smɔːlʲe]
tentar (vt)	**att pröva**	[at 'prøːva]
ter (vt)	**att ha**	[at 'ha]
ter medo	**att frukta**	[at 'frʉkta]
terminar (vt)	**att avbryta**	[at 'avˌbryta]
tomar o pequeno-almoço	**att äta frukost**	[at 'ɛːta 'frʉːkɔst]
trabalhar (vi)	**att arbeta**	[at 'arˌbeta]
traduzir (vt)	**att översätta**	[at 'øːvəˌsæta]
vender (vt)	**att sälja**	[at 'sɛlja]
ver (vt)	**att se**	[at 'seː]
verificar (vt)	**att checka**	[at 'ɕɛka]
virar (ex. ~ à direita)	**att svänga**	[at 'svɛŋa]
voar (vi)	**att flyga**	[at 'flʲyga]

www.ingramcontent.com/pod-product-compliance
Lightning Source LLC
Chambersburg PA
CBHW060027050426
42448CB00012B/2886